金美齢×井上和彦
Kin Birei　Inoue Kazuhiko

今こそ、日台「同盟」宣言!

頼清徳総統で
東アジアが
変貌する

ビジネス社

「はじめに」に代えて

金美齢　井上和彦

新総統就任式で感じたこと

井上　金美齢先生、台湾の総統就任式からお帰りなさいませ。式典に出席されましたが、どんな様子でしたか?

金　私の席は一応、貴賓席だったの。壇上には偉い人たち、例えば日本人では安倍晋三元首相の夫人、昭恵さんらが座っていました。私は壇上には上がらず、壇の下の最前列の席でした。

井上　それでも、とてもいい席ですね。

金　たしかに、最大の敬意を表してもらっていて、「Aの1番」みたいな感じの席。ところが、最前列の1番最初の席は、1番端の柱の横の場所だったのよ。席の位置を決める人たちは、そんな「壇上が見えにくい席」になるとは、思わなかったのでしょうね。もう少し、考えてほしかったわ（笑）。

あともうちょっとだけ席次が後ろだったら、頼清徳総統が真正面に見えたから、ちょっと残念でした。

井上　日本からは安倍昭恵さんだけでなく、作家の門田隆将さんや、30名ほどの国会議員など、多くの著名人が総統就任式に参加されていたようですね。

金　顔見知りの日本の人たちもいましたね。ただ私は、台湾では皆さんには会わなかったの。行く前に電話で話はしましたけれども……。皆さんとは、台湾でなくとも日本で会えるから。

そのかわり今回は、台湾でしか会えない知人と重点的に、私が一番番美味しいと思っている「明福」という台湾料理店で旧交を温めました。「仏跳牆」という料理（別名・ぶっとびスープ）は本当に美味しい。スープの香りがしたら、お坊さんが壁を跳び越えてでも食べに行くという名前がついているくらい、美味しい料理なの。

2024年5月20日に行われた台湾総統就任式の模様

この店は超人気店だから、なかなか予約が取れない。そして、女将さんがすごく台湾を愛している人で、私は大好き。今年1月の総統選挙の前、アメリカからわざわざ「席を取ってほしい」との電話がお店に入ったそうです。それに対し女将さんは、「あなたは誰に投票するの？」と聞いた。電話の主はすぐに「頼清徳！」と答えたら、「わかった、席を融通しましょう」。そういう女将さんですよ。

井上　素晴らしいお話ですね！　その女将さん一押しの頼清徳総統ですが、就任スピーチを、先生はどう感じられました？

金　スピーチというものは前もって内容を練るわけだから、予想された通りで、そんなに意外性はなかったな。「ステイタス・クォ」

（現状維持）という考え方が明確に出ていた。結局台湾には、ステイタス・クォ以外の選択肢はない。これまでもそうで、引き続きステイタス・クォなの。あの暴力的な中国を相手に戦うことはできないし、そんなことをしたら、台湾自体の存在が危うくなる。

習近平が何を言おうが、台湾にとってはステイタス・クォがベストチョイスなのよ。それを続けなきゃいけない。

井上　なるほど。ステイタス・クォが最善策というわけですか。

実は私もつい最近、中国の国境近くにある金門島へ行ってきたんですが、そこでわかったことがありました。金門島の住人は、中華民国人であっても台湾人ではないと。

地元の人に聞いてみても彼らは中国の脅威を口にしないんです。金門島からはすぐ目と鼻の先に中国・厦門市の高層ビル群が見えるんです。こんな状態でもし戦争になったら、この高層ビルは全部倒される。ということは、中国がこの金門島に武力侵攻する可能性は低いな、と思いましたね。

中国は、いわゆる力による現状変更ではなくて、島民の気持ちを中国寄りにさせ、上手に自らの勢力圏内に収めることで、実質的に支配してしまおうとするつもりなのでしょう。つまり戦わずして勝つという戦術ですね。

一方、ここから150キロ離れた台湾が、遠く離れたこの小さな島を守るのは、どう考えても難しいことがわかったんです。

金　金門島には私も十数年前に行ったことがあります。目の前に中国大陸がある。そんな場所にある金門島だから、ステイタス・クォが最善策なんですよ。何より、今のままが……。中国や台湾本島から観光客が行き、名物の包丁を買ってくれて、それで島民の生活が成り立っているんだから。

井上　そうですよね。台湾人には「あの自由のない国・中華人民共和国を間近に見れますよ」というのを謳い文句にして、観光に行ってもらえばいい。

それにしても先生、金門島の食事はおいしくなかった。そこでガイドの人にその理由を聞いたんです。すると答えは「ここは大陸の味付け、台湾の味付けではないので」。妙に納得しましたね（笑）。

金　そもそも台湾の料理店のレベルは本当に高いんですよ。というのは、国共内戦で負けた蒋介石が大陸から素晴らしいコックさんをみんな連れてきたからなの。私は、このことが蒋介石の唯一のメリットだと言ってますよ（笑）。台湾には中国大陸の各地の料理が全部あるわけ。広東、上海、北京、四川、東北地方の料理も。そこで台湾へ行くと、どのレストランにするか選択肢が多すぎて、悩むことになってしまうのよ。

井上　そうですよね。事実、台湾では、どこで何を食べても美味しい。それを目的に、日本人旅行者がたくさん押し寄せるのもよくわかります。

ところで金先生、蔣介石はもう一つ、故宮博物院に所蔵されている宝物の数々を大陸から持ってきました。これは、台湾にとってのメリットなんですか？

金　故宮博物院の宝物は、台湾の人々の力で守り、保存してるのよ。もしあのまま、中国大陸に残されていたら、毛沢東の文化大革命の際に、ほとんど壊されていたでしょうね。実際に、蔣介石は国共内戦時、北京から重慶に宝物を移そうとしていたんだけれどもたまたま状況が変わったから、台湾に持ってきた。台湾にあるから、台湾人の手で苦労しながら、あの貴重な宝物を守ってきたんですよ。

決してあの宝物を、台湾が独り占めしようと思ってるわけでもなんでもない。宝物は誰の所有物でもない。世界人類全部の財産なんですよ。

すでに独立している台湾

井上　中国が「台湾は中国の一部だ！」と言えば言うほど、世界は台湾の独立性に注目し、同時に中国の主張のおかしさに気づきはじめる。そして世界は、台湾はすでに立派な独立国家であることを再認識することになりますよね。

金　そう。ことさら「台湾独立」と言わなくても、すでに台湾は独立しているんです。あとで詳しく述べますが、自由民主主義の選挙で総統や副総統を選んで内閣を作り、同じく選挙で議員を選んで議会も運営しているじゃないですか。もう独立国家なんですよ。だから「ステイタス・クォ」（現状維持）でいいのです。

このことを、一人でも多くの日本人に正しく認識してほしい。この本は、そのためのものでもあると思ってます。

井上　そもそも台湾は歴史上、中国共産党の支配下に入ったことは一度もない。だから中華人民共和国からの独立ということもあり得ない。この前提そのものがおかしいんです。このロジックも、きちんと理解すべきで、中国のプロパガンダに乗ってはだめですよね。

金　そして今回、台湾の歴史が変わった。これまでは民進党の総統と国民党の総統が2期8年ずつで交代だった。それが頼清徳氏の就任で、民進党の総統が3期目に入った。自由民主主義の選挙の結果がそうなのだから、台湾人の意識は大きく変わったのよ。

井上　その頼清徳総統に期待することと、日本に期待することは何でしょうか？

金　これもあとで詳しく話すけれど、私は頼清徳総統のことは、かなり昔から知っているの。彼は台湾大学出身の医者という超エリートであるにもかかわらず、政治の道に入り、覚悟を決めて「台湾独立」の道を貫き通してきた。その彼だからこそ私は、総統就任式に出席したんですよ。ちなみに私がほかに総統就任式に出席したのは、陳水扁氏の時のみです。

その陳水扁氏の総統就任式では、私は国策顧問という立場でした。その時は壇上に座ってたんだけれど、土砂降りの雨が降っていて、参加者の方はカッパを着たりして大変だった。さらに国民党の関係者が陳水扁氏の総統就任に対して、会場外で反対の声を上げて叫んでいましたよ。ある意味では、エキサイティングな会だった。

それに比べて、今回の式典の平和なこと……。

井上　そうだったんですか。

金　今回は雨も降らず、カンカン照りでもなく、ちょうどいい具合に曇りの天気だった。それに式典会場外で騒ぐ勢力もなく、理想的だった。「台湾も成熟したんだなって」感じましたね。

井上 ただ、総統選挙と同時に行われた立法委員（国会議員）選挙では、民進党は過半数を取れず51議席、第1党は国民党で52議席。そして民衆党が8議席を取ってキャスティングボートを握ったわけですよね。

金 たしかに、民進党が過半数取れなくて、民衆党が出てきて、ややこしい状況ではあるけれど、各党で話し合って、最終的には台湾の平和と安全のためにどうすればいいかについて、コンセンサスが取れると、私は思うんだけど。そして、頼清徳総統が2期8年やったあとに、蕭美琴副総統が上手に受け継ぐことを願ってます。

井上 私は頼清徳総統に大いに期待しています。冷静で賢く、自分の考えを貫いていけるこの新総統にすごく期待しているんです。

これまでは、台湾が日本を見習って歩んできたといわれてきましたが、これからは、日本が台湾を見習って、中国と立ち向かうにはどうすればいいか、そして中国とはどういう国なのかを、学ぶべきだと思います。

金 台湾の政治家は、中国という敵が控えているから、成長し、頑張らなきゃいけない。それに対し、日本人の多くは平和ボケしてるから、政治家もそれに引きずられてしまう。

これもあとで話しますが、安倍晋三元首相だけは、まったく違いましたが……。

とにかく台湾が成長するに当たって、日本統治時代に台湾が教わったことは、とても役に立っています。このことを現代日本人はきちんと認識すべきです。台湾と日本との関係がとても密だったことを、知らなきゃいけないんですよ。

「同盟」を考える

井上　台湾と日本の歴史については、個人的な体験も含めて、あとでじっくり話しましょう。

それにしても、日本人と台湾人は相性がいいですよね。〝相思相愛〟って感じですし、お互いが信頼し合っている感じがします。

金　台湾の人は気候的に食べるものに困らないから、皆、おおらかで明るくて優しい。それになんといってもみんな日本が大好きでとても親日的なのよ。

だから台湾へ遊びに行って、台湾のものをたくさん買って、台湾を応援してほしいんですよ。逆に、台湾の人にも日本にどんどん来て、消費してもらう。そうして両国民の交流を深めていきたいですね。

井上 さらに安全保障面でのつながりも築いてゆかねばなりません。好むと好まざるとに関わらず、台湾が潰れれば日本も潰れる、日本が潰れれば台湾も潰れる。だからこそ日本と台湾の軍事的な結びつきが必要なんです。

もちろん現状を考えればそれはハードルが高いことも十分に承知しています。しかしながら、だからといって思考停止していてはダメだと思うんです。頼総統誕生を機に、どうすれば両国が「同盟」のような関係を築けるかを真剣に考える必要があると思います。

金 それは大切なことですね。

井上 日本と台湾の「心の同盟」はすでにできあがっています。あとは外交関係と軍事的な結びつきをどうするか。台湾がもし中国に軍事占領されたら、日本の存立も危機にさらされる。そうならないために日本人はどうすべきかを真剣に考えなければなりませんね。

金 日本人は、台湾を愛する政治家に1票入れましょう、ということですよ。

井上 本書をご一読いただき、台湾へのさらなる理解を深めるとともに、「同盟」を考える契機としていただければいいですね。

今こそ、日台「同盟」宣言!　目次

「はじめに」に代えて

第1章 2024年初頭の台湾総統選挙

第2章 日本による台湾統治の真実

第3章 中華民国から台湾へ

第4章 安倍晋三元首相との交流

第5章 金美齢はこう考える

第6章 日本を誇れ

第7章 中国と対峙する日本・台湾・米国

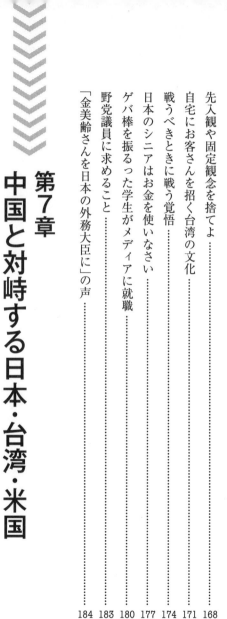

写真提供：アマナ

第1章

2024年初頭の台湾総統選挙

頼清徳総統誕生でさらに４年続く民進党政権

井上　２０２４年１月13日に台湾の総統選挙が行われましたが、その直前、23年12月末、私は台湾の首都・台北で、金美齢先生を訪ねてホテルまで行きましたよね。そのとき驚いたのは、金先生のお召し物が緑色で、今次総統選挙への熱意と気迫を感じたことでした。なんといっても緑色は民進党のシンボルカラーですからね。

金　和彦はわざわざホテルまで来てくれたわよね。私は年末の12月25日から娘の家族と一緒に台湾に入ってたのよ。ところが、１月１日に能登で大震災があったために、娘の婿は台湾が大好きなのに動けなくなって台湾に来られなかったんですよ。

井上　それは本当に残念でしたね。で、ホテルの部屋を訪ねたときに、先生から選挙情勢分析の話を聞かせていただきましたが、ズバリ的中でした。

金　そうだったね。

台湾総統選挙で当選した頼清徳氏と蕭美琴氏

井上　総統選挙の結果は、たしかに先生の言われた通りになりましたね。内訳は、与党・民進党（民主進歩党）の頼清徳氏が558万6019票（得票率40・05％）を得て当選しましたが投票率は71・86％で、前回2020年の総統選の74・90％を3ポイントほど下回りました。

最大野党の国民党の侯友宜氏は467万1021票（同33・49％）、台湾民衆党の柯文哲氏は369万0466票（同26・46％）でした。

そして同じ日に実施された立法委員（立法院）選挙では、定数113議席のうち52議席を取った国民党が第一党となった。対して民進党は51議席に留まり、単独過半数には及ばなかった。また、民衆党が8議席、無党籍が2議席でしたね。

金　今回、総統選挙には柯さんまで出てきたから、ちょっと票が分散して、立法院では過半数を取れなかったけれども、頼さんが勝ったのは本当に良かった。

井上　頼氏が総統選挙で勝ったことは本当に良かったのですが、立法院（日本で言うところの国会）では逆転現象が起きてしまったことが悔しいですね。民進党が10議席減らして51議席。国民党が52議席で第一党になってしまった。そして柯氏の民衆党が8議席。この新興勢力がキャスティングボートを握る立場になったわけですよね。とにかく立法院でネジレ現象が起きてしまったのは残念です。いずれにしても今後、頼・新総統は、民衆党に足を引っ張られることになってほしくはありませんね。

金　でも台湾の政権はこれまで、国民党と民進党の政権が8年交代だったのが、今回、民進党政権が8年だけではなく、さらに続くことになった。これは初めてのことなんですよ。

井上　それは良かったと思います。ところで、頼氏と次点の侯氏との差は九十数万票でしたが、この点を金先生はどのようにみておられますか。

金　せめて100万票はリードしてほしかった。100万票差をあけられなかったことは残念だったと思います。

井上　それでも台湾の民衆があれだけの票を頼氏に入れたのは事実ですよね。私は、ネットの総統選速報を自宅で見ていましたが、開票率が40％を超えて頼氏の票が400万票台に乗ったときには、これで絶対に勝つなと確信しました。たぶん金先生は現地でニコニコせずに最後まで気を引き締めて、眼光鋭く総統選を見守っていたんだろうなと思っていましたよ。

金　政治は油断が禁物ですからね。

選挙に熱狂する台湾人

井上　総統選挙・立法院選挙での台湾民衆の熱狂ぶりはほんとうにすごいと思います。私は若いときに金先生からものごとに向き合うときの「覚悟」を教わりました。今回の選挙でもその「覚悟」というものを、台湾の人たちから感じ取りましたね。日本人として本当にうらやましかったです。

民進党支持者は徹底して緑色の何かを身にまとって候補者に熱いエールを送る。そこに

総統選挙中の街の雰囲気

も有権者の政治に対する参加意識と民主選挙に対する熱意を感じました。そういった選挙に対する熱意を今の日本人は持っていない。

金　一目でわかるように私は、日本に帰って来てもグリーンの服ばかり着ていました。スカーフもグリーン。そこまでグリーンで徹底しています。まあ、そうやって台湾のみなさんはけっこう選挙を楽しんでもいる。選挙には楽しむという要素も必要でしょう。

台湾では選挙をけっこうお祭りっぽい雰囲気でやっていますよ。しかし昔はもっと賑やかで、いろんな旗がいっぱい立ったりして盛り上がっていました。今回は、新型コロナウイルスの影響で出かけると具合悪いと思っている人も多かったせいか、昔に比べれば、今回の総統選は静かだった気がしましたね。

井上　確かに昔の選挙はすごかったですね。かつて総統選挙で金先生がステージに立って、元総統の李登輝さんと並んで旗を振って大歓声に応えておられたのを目の当たりにして感動したのを今でも鮮明に覚えています。

李登輝さんの話は後であらためてしたいと思いますが、1988年1月、中華民国の蒋経国総統の死去に伴って副総統だった李登輝さんが総統の地位に就いたときから、民主化が始まった。そうして、国民党以外にも民進党などの政党ができていったことで台湾の民主主義は成熟していった、と見てよいのではないでしょうか。

金　今回の選挙では、民進党以外にも、台湾民衆党も登場して注目されました。民進党のシンボルカラーはグリーン、国民党はブルーで、これまで総統選挙は基本的にはグリーン対ブルーでした。ところが今回は、柯文哲さんが出てきて白をシンボルカラーに掲げたことから今回の選挙戦は、グリーン対ブルー対ホワイトになった。

井上　いずれにしても、選挙戦で盛り上がる台湾に行って、台湾人の選挙に対する高い意識と熱意をあらためて実感しましたね。と同時にうらやましく思いました。日本人は、民主選挙における一票の重みを台湾人に学ぶべきだと思いましたよ。

私は以前も、金美齢事務所のスタッフの１人として１００人の観選団（選挙を観る）を組んで台湾の総選挙の観戦に行きました。そのとき人々の選挙への熱意と政治への高い参加意識に、ある種の衝撃を受けました。

一方、自由、民主主義の重要性をことあるごとに説く割には、日本人の政治への参加意識が希薄だと思います。だから、選挙応援で台湾の若者たちが涙を流して小旗を振っている姿を目の当たりにしたとき、これがあるべき姿だと痛感したんです。

金　そう、自分が持っている一票の大切さみたいなことを認識するかしないか。つまり、世の中を良くするためには、若い人が積極的に政治に参加することがとても大切なんですよ。

井上　台湾の場合、外国に留学している若者が選挙で一票を投じるために帰国する。若者の政治意識が非常に高い。ところが日本では政治への関心はあっても参加意識が希薄といわざるを得ません。これは本当に憂うべき事態ですね。

賛成・反対・無党派の3つに分かれる世論

金　今の世の中、1つの意見に全員が賛成するというのは、絶対にあり得ない。私は、世の中の意見は必ず3つに分かれると思っています。

どんなことがあっても応援してくれる支援者、一方で、何を言っても反対してくる敵対勢力、そして、そのときどきで支持・不支持を変える、いわゆる無党派層がいる。

例えば日本でも安倍晋三さんについても「何が何でも安倍がいい」と言う人たちがいる一方、「何が何でも安倍は嫌い」と言う人たちも一定数いた。またそのどちらでもない無党派もいて、この人たちの民意で支持率が変わったじゃないですか。

総統選挙では今回の頼清徳さんに対しても同じで、前総統の蔡英文さんのときも同じでしたよ。

井上　まったく同感です。

金　だから、候補者に対しては「絶対にあなたに票を入れない反対勢力の人たちを、最初から切り捨てなさい」と言いたいの。

井上　確かにそうですよね。反対派の意見におもねってブレてしまうと、今度は岩盤支持層の支持を失いかねません。だから信念をもって、ブレずに政治を行うことが大事ですね。金先生はずっとこのことを言っておられますよね。「ブレるな！」と。

金　一般的に国民は、「こうしろ」「ああしろ」「これが足りない」「あれが足りない」などとわがままに政治家に要求します。無責任なんですよ。自分が苦労してないから、他人様の苦労が想像できない。

けれども私は、和彦が言ってくれたように絶対にブレない。枝葉末節なことで不平不満は言わない。だって自分も完璧な人間ではないから。私は大局を見て、支持する候補者や政治家を徹底して応援します。１００％完璧な人なんて誰もいませんよ。私としては、平均点以上だったらオーケーなんです。

でも、真ん中の3分の1の人たちはそのときどきで動くわけだから、この人たちの心に届くようなことをどう発信するか、ということが大切なんですよ。

井上　その候補者をもともと嫌いな敵対勢力は、どうやっても変わらない。にもかかわらず、そういう人たちにおもねってしまうと、今度は本当に自分を応援してくれている人たちの支持を失うことになりかねない。絶対に変わらない敵対勢力におもねれば、そのことによって支持層が離れていきます。

つまり、「二兎を追う者は一兎をも得ず」ですね。これは実は先生が政治を見る目としてずっと昔からおっしゃっていたことですよね。

揺れ動く無党派層をどう取り込むかは、キャッチコピーで決まってくるのかもしれません。インパクトの強い短いフレーズが決め手なのかもしれませんね。また候補者は、誰を味方につけるか、誰が敵についてしまうかを読み取る力も必要ですね。

金　候補者にはそういう力が必要なんですよ。

井上　そうした中で今回の総統選挙では、民進党が得票数を減らしたことが残念でした。ただし、それは8年間の蔡英文政権に対する不満や批判の表れであって、中国と一緒になろうなどという考えではなかった。このことは、日本人が勘違いするといけないので、はっきりしておく必要がありますね。

金　いずれにせよ、今度の選挙で民進党政権が続くことになったのは大きいですよ。

井上　たしかにそうですね。

キャスティングボートを握った民衆党の柯文哲

井上　今回の総統選挙は、これまでになかった選挙戦となりました。与党民進党の頼清徳氏と最大野党の国民党の侯友宜氏の一騎打ちとはならず、新興勢力となる民衆党の柯文哲氏が約３６９万票、つまり約26％の票を獲得して新興勢力が台頭したことは、大きな変化でした。

国民党へ投票した約33％は、岩盤支持者や大陸とのビジネスの安定を最優先に考える経済人に加え、先ほども触れた蔡英文政権への批判票だったわけですよね。

金　それにしても国民党の侯友宜さんはパッとしなかったね。

井上　国民党の候補でありながら、日本での知名度は低いですよね。「誰なの、この人？」という感じでした。

柯文哲氏にしても、台北市長でありながらやはり知名度は低かった。

金　選挙結果は最後までわからないけれど、私は頼さんが勝つのはわかっていましたよ。だから、どれぐらい勝つか、どれぐらい引き離すかに注目していたんです。さっきも言ったけれど100万票はリードして勝ってほしかったのに、結果はちょっと届かなかったね。同時に、柯さんが出てきて頼さんの票を奪ったし、立法院でも民衆党のせいで民進党は過半数を取れず、第一党にもなれなかった。結果的に柯さんがキャスティングボートを握ってしまったじゃないですか。第3極と言うか、彼が重要な立場におかれたことが、今後の頼政権にとっての不安材料ですね。

以前は国民党政権が8年やって、次に民進党政権が8年やった。8年で政権交代なら今回は国民党政権になるはずなのに、民進党政権がもう4年続くという例外が起きたわけです。でも例外は新しいことでもあるのだから、台湾人としても「ここはもう民進党しかないだろう」という判断をしたのだと言えますね。

もっとも、柯さんみたいな人が出てきてゴソゴソやるから、いざというときに彼の票がどちらに行くかで物事が決まることもあるかもしれない。でも、大筋では彼の意図通りにはならないと私は思っています。

井上　私も彼が総統選で勝てないことはわかっていました。ただ、負け方もそんなにひどい負け方ではなくて若者の票を集めた、という報道には驚きました。

金　報道なんていうのはそんなものですよ。

成績がトップだと医者になりたがる台湾人

井上　それにしても、柯氏の人柄については、良い評判は聞こえてきませんね。台湾大学医学部卒の医師とくれば問答無用のエリートですから、もっと良い評判があってもおかしくないと思うのですが……。

金　台湾では学校の成績トップの人はみんな医者になりたがるのよ。日本も同じでしょう。中学、高校と成績トップの人は東京大学理科3類に行く。台湾でも中学、高校で成績トップなら台湾大学医学部に進むというコースがあるんです。そういう人は苦労知らずなことが多いんですよ。

柯さんもそうですよ。しかも彼は台湾大学医学部を出て外科医になり、ゴッドハンズ（神の手）と呼ばれるほどの手術の腕前を持っている。病気になった人はゴッドハンズを100%頼りにして無条件に尊敬する。それで彼は尊敬されることになれているんですよ。でも政治家としての能力はまた別でしょう。

つまり、ゴッドハンズと言われるくらいだから、医者としては有能だったとしても、政

柯文哲氏

治家としてどうかなというところがあるんです。

井上 彼が初めて政界に進出したのは台北市の市長選だったと記憶しています。これまで民進党と国民党が一騎打ちで戦ってきた首都で、2014年の台北市長選に無所属で立候補して台北市長になったわけですから、当然注目されますよね。

金 2014年の台北市長選の相手候補は、中華民国の首相や副総統も経験した国民党の有力者である連戦さんの息子だった。当時、柯さんは政治の世界では無名だったけれども、ゴッドハンズの医者としては名前が通っていましたよ。

それで私の知り合いだった若い人が、「国

民党の候補者には勝たせたくありません。柯さんを応援してほしい。市長選に勝つためにはこの人以外には選択肢がないんです」と言って、私の泊まっているホテルに柯さんを連れてきたのよ。

彼は忙しくて、ご飯を食べる時間も十分に取っていなかったから、私のホテルに用意してあったサンドイッチをパクパク食べ始めたのです。ずいぶんマイペースな人だなというのが、彼に対する第一印象ね。

その時、彼が私に台北市長選の前に「日本を訪れる」と言うので、彼が来日したとき、大阪と東京で彼の歓迎パーティをやってあげたんですよ。そんなふうに私は、彼の台北市長選では、かなり応援したんです。

井上　正直言って、彼が台北市長になれたのは、知名度の高い金先生から応援してもらったからでしょう。

金　しかし柯さんの場合、他に選択肢がないという流れで応援することになったのよ。でも今頃になって、彼を私に引き合わせたその若い人は、「忸怩たるものがあります。全く申し訳ありません」と謝ってきたの。

私に言わせると、柯さんは、そもそも「政治的な才覚」を持っていない人物なのよ。

井上　なるほどそういうことだったんですね。彼に政治的才覚がないことをいち早く有権者が気づいて、頼氏に支持が集まってゆけばいいですね。

これから、柯氏が取った票がどう動くかはわかりませんが、現時点で彼がキャスティングボートを握っていることは事実であり、彼の動きに注目してゆく必要がありますね。私は、柯氏は国民党にすり寄ることはせず、民進党にすり寄っていくのではないかと見ています。つまり勝ち馬に乗る方が得策だと考えている気がするんです。

いずれにしても、頼清徳率いる民進党は、民衆党にキャスティングボートを握られたことで、これからの政権運営が容易ではなくなったことは事実ですね。

安倍元首相の葬儀に参列した頼清徳

井上　頼氏の勝利は、日本人、日本国にとってたいへん喜ばしいことでした。台湾政界きっての親日派であり、また、政治的パフォーマンスではなく、心からその死を悼んで安倍晋三元首相の告別式に参列するなど、私は、頼清徳総統に大いに期待しているんです。

金　もちろん総統選で勝って晴れて総統に就任したことによって、日本人の頼さんに対

安倍元首相葬儀の際の頼清徳氏と金美齢氏

する関心も高まってきたと思いますよ。

そして今、「頼清徳さんってどういう人？」という日本人の質問に対する答えの１つに、「安倍晋三さんの葬儀のときに金美齢さんと手を組んでいた人だよ」というのがあるんですよ。これは今回の総統選に一緒に行った友人が教えてくれたんですよ。

「本当かな」といぶかってしまうけれど、その写真はネットにアップされているから誰でも見られます。日本の社会では私を知っていても、頼さんを知らない人は大勢いる。２人が腕を組んだ写真ならわかりやすくていいということね。

井上　安倍元首相は２０２２年7月8日に、奈良市で山上達也という卑劣なテロリストの銃弾によって倒れました。これは断じて許せない蛮行です。

葬儀は7月12日に東京の増上寺で営まれました。金先生と頼さんも葬儀に参列され、私も葬儀に参列しました。出棺の後、金先生と頼さんが一緒に歩かれていたのを見て驚いたんです。SPもお2人の背後にいる。そのとき私もお2人の写真を撮りました。

金　頼さんとは安倍さんの葬儀で一緒だったけれど、今回の総統選挙のときは奇跡の面会があったんですよ。

彼は選挙期間中、毎日忙しくあちこちへと遊説していた。だから台北市の民進党本部に立ち寄る時間も短い。例えば大急ぎで台北市から台南市に行って、その夜にとんぼ返りをするといった過密スケジュールをこなしていたんですよ。

私は選挙期間中のある日、頼さんに会えるかもしれないと、民進党本部のオフィスを訪ねたの。オフィスに着いたとき、中に入る前にトイレに行こうと思ったのよ。でもオフィスの中のトイレは誰にも使わせないから、道の向こうの公衆トイレに行かなければならない。そのとき民進党のボランティアの女の子が案内してくれたんだけれど、なんと彼女はカナダのトロントから帰ってきてボランティアをしていたというじゃないですか。

そうして道の向こうのトイレに行って戻ってきた瞬間、オフィスの前に頼さんが到着したんですよ。彼はすぐにまた別の場所に行かなければならない。オフィスの中にも外にも人がいっぱいいたから、私がオフィスの中で待っていたら彼には会えなかった。

でも私は偶然にもそのとき、オフィスの前で彼とばったりと会ったので、ハグすることができたんですよ。まさに奇跡のハグでした。ほんの数秒のことです。すぐまた彼は出かけて行きましたからね。これはご縁があるとしか言いようがありません。

井上　たまたま戻ってきた頼さんとハグできるなんて、本当に強運ですね。

ところで、頼総統の右腕となる副総統は、女性の蕭美琴さんですが、金先生は彼女のことも以前から知っておられたとか。

金　そう、以前、アメリカで会ったことがあるんですよ。まだ私が中華民国のブラックリストに載っていて、台湾に帰国できなかったときのことだった。東京からアメリカに行って台湾人の同郷会に参加したんです。そのパーティで彼女と初対面したの。このとき彼女は私のようなゲストの接待係をしていましたよ。もうずいぶん昔に、彼女に会っていたんです。

井上　彼女は、日本の神戸生まれでしたよね。

金　そう聞きましたよ。日本とも縁がある人なんですね。彼女も決してブレない人だと思います。

頼清徳総統誕生の裏話

井上　ところで、金美齢先生が頼氏と初めて会われたのはいつだったんですか。

金　今の民進党がまだ党にもなっていないときですよ。当時の台湾では「党外」という存在でした。当時、政党というのは国民党しかなかった。だから、民進党もまだ党外だったし、野党という言葉さえなかった。

だから、頼さんも党外組織の人でした。その党外の人たちのグループが一度、東京に来てわが家を訪ねてきたことがあるの。私が中華民国のブラックリストに載って台湾に帰れないから、向こうから訪ねてきてくれたんですよ。そのグループの中にいた、いちばん若い人が頼さんだった。それが最初の出会いです。

グループでは彼がいちばん目立っていたから、よく覚えています。この若い人は「台湾のために」ということをいつも心がけていて頑張っているし、間違いなく台湾人のアイデンティティを持っている、という印象が強かったですね。グループの他の人は、団長以外は覚えていません。

でもその後、私がブラックリストに載っている間は、彼とは何のやり取りもしなかった。私とやり取りをしたら即問題になりますからね。

そして私がブラックリストから外れた後、少し時間が経って、頼さんが蔡英文政権の副総統として日本に来たときに、彼と会いました。日本にいる台湾人たちが歓迎会を開いたりするから、そのような折にです。ただし、個人的に彼に対して何かをするということはありませんでした。

井上　蔡英文政権の1期4年が終わった絶頂期のとき、頼氏は、２０２０年の総統選に出馬したかったけれども、金先生が、「あなた、もう少し待ちなさい」とストップをかけられたんですよね。

金　頼さんを推す民進党内の派閥が彼を総統選に出したかったんです。

井上　そうだったんですか。

金　２０２０年の総統選の前に彼が来日したとき、私は台湾人の集まりで彼に直接、「今、あなたが総統選に出て争って、蔡さんを1期で降ろしたら、『王殺し』と言われますよ。マクベスと同じになってしまう。それでもいいんですか」とまで言ったんです。政治の進め方には王道というものがあるんです。

結局、彼が2020年の総統選に出馬しなかったから蔡さんが勝って、民進党政権がすんなりと8年間続いた。これが今回の頼さんの当選につながったわけですよ。

井上　金先生の制止が正しかったわけですよね。あのときにもし総統選に出ていたら、今日の頼清徳総統はなかったかもしれませんね。

これぞ金美齢流の「読み」ですよね。金先生の「待ちなさい」という言葉を信じた頼氏は正解だった。今回の総統選の頼氏勝利の陰には〝金美齢あり〟ですね。

金　いや、それは言いすぎよ（笑）。

井上　いずれにせよ、前回の総統選にもし彼が出ていたら、どうなっていたのかわからなかったと思います。

このところ中国の習近平国家主席は台湾への圧力を強めており、緊迫の度を増しています。だからこそ台湾にはそんな圧力に屈しない強いリーダーが必要だった。そこに頼清徳という毅然とした信念を持った強いリーダーが登場した。このことは、台湾のみならず東アジアの平和と安定のためにも良いことだったと、万雷の拍手を送りたいです。

厳しい国際環境の中で戦い続けた蔡英文前総統

井上 蔡英文前総統からすれば、頼清徳氏が2020年の総統選に出馬しなかったために、2期8年務めることができた。ある意味でそれも金先生のお陰ですね。

金 私は、「いつ、何を言うべきか」が直感的にわかる。蔡さんはこれまで台湾という、非常に難しい立場にある国のかじ取りを必死に行ってきたわけじゃないですか。反対派の人たちは、それに対する評価や感謝というものが足りない。

それどころか、統一地方選挙に負けたとか、小さなことでいろいろと文句を言っている人も少なくない。とても残念です。

井上 蔡氏は統一地方選挙に負けたという理由で民進党の主席を辞任していますね。でもそれは蔡英文前総統だけの責任だったのかと言いたいですね。

金 2019年5月に、当時の安倍首相とトランプ大統領が東京の両国国技館で大相撲夏場所の千秋楽を観戦して、二人が退場するときに私はトランプさんと握手したんですよ。

この話が台湾にも伝わって、民進党の人たちがトランプさんと握手した私の話を聞きたいと言って呼んでくれたのです。その時私は、メディアも入ったオープンな場所で民進党の人たちに対し、「蔡さんは大変な重荷を背負っている。そういう人につべこべ言うのは良心がないとしか思えない」と言いました。

「蔡さんは総統として難題を抱え込んでいる。統一地方選挙の結果が悪かったとしても、それは民進党の人たちみんなの責任だ。どうしてみんなに思いやりがないのか」。これは私にとって当然の発言だったんですよ。

井上　蔡氏はその場においでになっておられたのですか？

金　その場にはいませんでした。しかし私の発言は蔡さんに届きました。それで後日、彼女から「直接会ってお礼が言いたい」というメッセージが来たんですよ。

私は、台湾では、中部の山岳地帯にある日月潭という素晴らしい観光地が大好きで、そこによく行くんです。その日はたまたま彼女も日月潭から近い台中で講演をすることになっていた。彼女が私に会いたいと言っているというので、民進党の幹部の人が、私の泊まっている日月潭のホテルまで迎えに来たんです。

私は娘の家族と一緒でしたから、私たちは蔡さんが講演をする会場まで行ったんですよ。そこで私は彼女からお礼を言われて、娘の家族と一緒に写真に収まりました。このときわが家の〝脳天気な〟大学生の孫娘が、「私、ツーショットがいい」と言うので、孫娘と蔡さんとのツーショットの写真も撮ったのよ。そういう点でわが家の孫娘は遠慮がないの（笑）。

井上 金先生のほうからも、蔡氏を食事に誘われたことがあるそうですね。

金 先に紹介しましたが、台北市には明福というとっても美味しい台湾料理店があるんですよ。建物は粗末で狭いから、なかなか予約も取れない。だから台湾にいる友人に予約してもらっているんだけれども、昨年4月、偶然にも予約が取れたので、「明福に、ご飯を食べに来ませんか」と蔡さんを誘ったんです。

私が誘ったのは、1つには、本当に美味しいので食べてほしいから。もう1つは、総統となると、気軽に食事に誘ってもらうことはないだろうから、私は誘いたいと思った。知り合いだったとしても一般人なら、現役の総統に対して「ご飯を食べましょう」と誘う人はいないでしょう。みんな遠慮して誘わない。なぜなら「99％は来られない」ということがわかるからでしょうが、でも私は1％でも可能性があるのなら誘うべきだと思っているの。それに誰でも、食事に誘われるのに悪い気持ちはしないから、「ダメ元」でやっていいんですよ。

蔡さんからの返事は、「ありがたいですが、総統の自分が出かけるのは大変なので、私のところへご飯を食べに来てください」というものだった。総統府での食事よりも明福のほうがよほど美味しいんだけれど、これが彼女の誠意だったんです。

そして総統府へと私を車で送迎してくれた若い女の子から、「金さんのお陰で、私も蔡さんに会えて、とてもいい思いをしました。ありがとうございます」と言われたのよ。

それとね、蔡さんはペット好きなんだけれども、私はペットが大の苦手。食事のときに猫や犬がうろうろしたり、食卓の端っこに猫がポンと上がってきたりするのがイヤなの。それで私が正直に、「私はペットが苦手なの」と言ったら、彼女はペットを全部、部屋の外に出してドアを閉めてくれたのよ。

井上 実に金先生らしい（笑）。

金 彼女へのお土産には、ドイツの伝統的な菓子として有名なシュトーレンを持っていった。木箱に入っていて、とても重たかったけれど、「総統職は大変だろうから、甘い物を召し上がってください」という気持ちからでしたね。恐らく彼女にもそんな私の思いは伝わったと思いますよ。

井上 私は、何年か前にパラオ共和国で蔡さんにお目にかかったことがあります。台湾と国交のあるパラオ共和国で、偶然にも僕が泊まったホテルに蔡英文総統も宿泊されていたんです。

ある朝、ホテルの玄関付近にいたら、ホテルの従業員から「台湾のプレジデントが通るので道を開けてください」と言われました。それで蔡総統を一目見ようと出待ちしていると、蔡英文総統がＳＰに囲まれて出てこられたので、「加油台湾（ガンバレー）」と声をかけたんです。

そうしたら蔡総統に「日本からですか？」と聞かれたので「はい日本からです！ 蔡総統、頑張ってください。我々は台湾を応援しています！」と応えました。すると彼女は笑顔になって、目にうっすらと涙が溢れていたのを覚えています。

金先生の言葉通り、蔡さんは台湾という国を背負って厳しい国際社会の中で戦っておられたんですよね。

一票を投じるために長時間のフライトで帰国した台湾人

金 台湾での選挙の投票権があるかないかは別として、世界中に散らばっている多くの台湾人が、今回の総統選のときには台湾に集まってきました。同じく私も、現在は日本国籍を保有しているために台湾では投票権もないのに、わざわざ台湾への「観選ツアー」として台湾に帰ったんです。

さっきも話したように、民進党本部で私をトイレまで案内してくれた若い女性も、カナダのトロントから帰ってきていたし、私が名誉理事長を務めるJET日本語学校に通っている台湾人学生の中にも、わざわざ台湾に帰って投票する者もいた。

そうして帰ってきた人たちが集まったのが、「世界台湾人同郷会」というイベントでした。ただし頼清徳さんや民進党を応援している人でないと、世界台湾同郷人会には来ません。また、イベントではみんな、「今や台湾は事実上独立している」ということを前提にして、演説を行いました。

その前夜祭では、参加者が、自分が総統選で頼さんを応援するためにどれだけ長い時間飛行機に乗って帰ってきたか、台湾に来るまでにどんな困難を乗り越えて来たか、などと披露するわけです。

中には20時間以上も飛行機に乗って来たという人もいました。東京から来た私は3時間程度のフライトなので、遠いところからやってきたなんて言えなかったのよ（笑）。

井上　世界中から、数多の台湾人が一票を投じるために帰ってくる。中には20時間以上も飛行機に乗って帰ってくる台湾人もいるなんて、本当にすごいですね。

金　翌日のイベントでは、見るからに民進党支持という人も当然いるわけですが、一風変わっている人もいたのよ。私の隣に座った若い人がとってもユニークだった。

その若い人というのは歯医者さんで、「史」という名字でメディアでもいろいろと発言している有名な台湾人だった。彼のメガネが面白くて、片方は丸レンズ、もう片方は四角いレンズで、しかも髪の毛の半分だけを染めていた。

彼は、見た目がすごくユニークだったけど、イベントではステージに上がってディスカッションもできる人だった。

井上　政治に関心を持つ人のイメージとはかなり異なりますが、そうした若者たちが選挙イベントに積極的に参加してるというのは素晴らしいですね。

金　だからこそ面白い。

このイベントが終わった後、1軒目は明福、2軒目では鶏家荘という店でご飯を食べることになっていたので、私は、その若い人を誘ったら、「2軒目には行けます」と言って来てくれたの。彼の見た目が面白いから、鶏家荘にいた仲間も、とても喜んでくれましたよ。

つまり、「見た目がパッとみんなの関心を呼ぶ」ということはけっこう大きい。あらためて、見た目の面白さも大切だなと思い知ったわけです。

井上　その後はどうなったんですか。

金　彼には「東京に来るようなことがあったら、ぜひ会いましょう。ご飯を食べさせてあげるから連絡してね」と言ってあります。まあ、ナンパしちゃったんだよね（笑）。

第2章

日本による台湾統治の真実

台湾で知った日本の歴史

井上　私にとって、金美齢先生との出会いが人生の転機となりました。金先生に出会い、台湾に足を踏み入れたことで、自分の世界観はもとより人生観も変わりました。そして出会った多くの台湾人から、それまで学校で教わらなかった本当の日本の歴史を学ぶことができたことはなによりでした。本当にありがとうございます。

金　そう言ってもらえて光栄です。

井上　あれは平成9年、1997年でした。世界各国の紀行記をある雑誌に書いていた頃、台湾のことを自分なりにまとめてみたら、編集長から「台湾に対するくだりは、ちょっとニュアンスが違うんだけど」と指摘されました。

さらにその編集長から「きみは金美齢さんを知っているか」と言われたので、当時、いろんなテレビ番組に出演されていましたから、「はい、もちろん存じています」と答えたところ、「金さんの話を、一回聞いてみてごらん」と勧められました。それでお住まいの東京・新宿御苑のマンションを訪ねて行ったんです。

そのとき、ご主人の周英明先生と一緒に私を迎えてくださいました。金先生は最初に、司馬遼太郎さんの『街道をゆく第40巻　台湾紀行』（朝日新聞出版）という本を出して、「あなた、この本、知っている？」と尋ねられ、私が「いいえ、存じ上げません」と答えたら、「じゃあ、まずはこの本を読んでみて。読んでからもう1回連絡をちょうだい」ということで、その日はしゃぶしゃぶをご馳走になって終わったんですよね。

翌日、早速書店で『台湾紀行』を買い求め、一気に読みました。この本を読んで自分の無知さを知り、台湾という国が本当はどういう国かがわかったんです。衝撃的でした。日本統治時代の台湾はどんな時代であったか、台湾人の対日感情、そして台湾は中国の一部なんかではないことを知ることができました。

金　すぐに読んでくれて、熱意を感じたわよ。

井上　金先生に「読み終わりました」と連絡したら、「その本に〝老台北《ラオタイペイ》〟という人が出てくるでしょう。その人をあなたに紹介します」と言われたんですよね。

老台北とは、台湾で半導体デザイン会社・偉詮電子股份有限公司を創業した著名な実業家の蔡焜燦《さいこんさん》氏のことで、司馬さんが『台湾紀行』を書くための取材をするにあたって、台湾で案内役を務めた偉い方だったので戸惑いましたよ。

周英明氏（右）と金美齢氏

金　私が蔡さんの電話番号を教えたんだよね。

井上　はい、私は早速その番号に電話して蔡さんにアポイントをとって、すぐ台湾に飛んでいきました。しかし最初はなんとお呼びすればよいかもわからなかったんですよ。『台湾紀行』には、老台北（ラオタイペイ）として登場されるわけですが、そもそもその名は、中国・北京に何代も住む上流文化を身につけた知識人の老北京をもじって、司馬先生が蔡さんにつけた愛称ですから、自分のような若造が気安く呼べるものではありませんでした。

そんなことを考えながら、何度も台湾に足を運び、司馬さんが経験されたように、蔡さんに台湾各地を案内していただきました。台湾では本当にいろんなところを回りました。

そうしているうちに、私が蔡さんのことを「おやじ」、蔡さんが私のことを〝日本の息子〟だと言って「和彦」と、親子のような関係となったんです。

この台湾取材を通じて、私は、祖国、日本の本当の歴史を知ることができたんです。児玉源太郎や後藤新平、新渡戸稲造、八田與一など、明治から昭和戦前期にかけての偉大なる先人の業績を台湾の人たちから教わり、とても大きな衝撃を受けました。台湾で日本を発見したといっても過言ではありません。

「台湾に目覚めたのは小生一大の出来事」だった司馬遼太郎

井上　実は蔡さんから「これは、和彦が持っておけ」と言われて長年預かっていた手紙がありました。司馬さんから蔡焜燦さんに送られた手紙です。

その手紙にはこう綴られていました。

「それやこれやで今年1年が過ぎました。今年は小生にとって脳裏が台湾で塗り潰されたような1年でした。心のどこかで頭の中で台湾は日本圏だと思っていた節があります。陳

蔡焜燦氏（左）と金美齢氏（右）と井上和彦氏の出会い

舜臣さんのささやかな慫慂によって台湾に目覚めたのは、小生一大の事件でありました」『台湾紀行』のきっかけは、司馬さんの大阪外国語大学時代の同級生で台湾人小説家である陳舜臣さんの勧めだったことと、あの司馬さんのような大作家にとっても台湾を知ったことは〝一大事〟だったということに驚きました。

私自身も、この手紙の最後のくだりの「台湾に目覚めたのは小生一大の出来事」と同じほどの衝撃を受けました。司馬さんは、4回にわたって台湾を取材した後、日中文化交流協会の代表幹事を辞任されていることがすべてを物語っていると思います。

金　手紙の原本はどうしたの？

井上　蔡さんは２０１７年に90歳で亡くなられましたが、生前、蔡さんからの依頼で、大阪府東大阪市にある「司馬遼太郎記念館」に寄贈しましたので、今はそこにあります。

金　司馬さんは東京に来られると、必ずホテルオークラに泊まっていました。そうしたある日、私も司馬さんを食事に招いたことがあったんですよ。

司馬さんとの接点ができたのは、夫の周英明がある雑誌に頼まれて『台湾紀行』の書評を書いたことでした。そうしたら、私の知り合いでもあった新潮社の司馬さんの担当編集者が、それを司馬さんに、「私の友人の金美齢さんのご主人が書きました」という言葉を添えて送ったんです。

すると担当編集者が、司馬さんから来た返事の手紙を、わが家にファックスで転送してくれました。それは、「自分がこういうふうに最も読んでほしいと思う書評だった」という感想で、さらに「金さんという方はテレビで見ている。いいお顔をしていらっしゃる。金というからには、清朝の愛新覚羅ではないかと思う」ということも書いてあった。

司馬さんは「金」から「愛新覚羅」「清朝」ということがすぐに連想できる人なんです。なにより私は、「いいお顔をしていらっしゃる」と言われて、舞い上がってしまったわけですよ（笑）。

井上　そんなこともあったんですね（笑）。

台湾の近代化に尽くした後藤新平と新渡戸稲造

井上　歴史を振り返ると、日清戦争で清国に勝った日本は１８９５年4月に結んだ下関条約によって清国から台湾の割譲を受けました。それで6月17日から日本の台湾統治が始まったわけですよね。

金　台湾では原住民は少数ですが、部族はたくさんあって、各原住民の共通の言葉もなかった。他は、中国の福建省や広東省から来た移民で、彼らが原住民を山に追いやったんです。台湾の東海岸には高い山が多いから、中国から来た移民は主に西海岸に住んで、生活の知恵もありました。今でも台湾の人口は西海岸に偏っています。

井上　１８９８年3月、陸軍次官の児玉源太郎が台湾総督府の第4代総督として着任してから、本格的な台湾近代化が始まりました。

その右腕となる民政長官として赴任したのが、医学博士でもあった後藤新平。後に南満洲鉄道初代総裁、逓信大臣、内務大臣、外務大臣、東京市長などの要職も歴任した戦前の偉人でした。
　後藤新平は民政長官に着任するや、総督として多忙の児玉総督を助けて大規模な土地・人口調査を実施し、そのうえで道路・鉄道・水道・湾港などのインフラ整備、台湾の衛生環境と医療の大改革など数々の大事業を推進しました。その結果、世界有数の伝染病発生地だった台湾からマラリア、ペストをはじめ、あらゆる伝染病が消えていった。そのため後藤新平は、〝台湾近代化の父〟と呼ばれ今も台湾人から尊敬され感謝されていることは、本当にすごいことだと思うんです。

金　新渡戸稲造も台湾で活躍しましたね。

井上　新渡戸稲造は後藤新平の推薦で総督府技師として台湾に赴任しました。彼はサトウキビの品種改良を行い、台湾の製糖業の振興に全力を傾けました。その結果、台湾の砂糖生産量は1900年の3万トンから5年後には2倍の6万トンになり、戦時中には160万トンまでに成長しています。この台湾の製糖業は戦後も1960年代まで台湾経済を支え続けましたよね。
　新渡戸稲造は〝台湾製糖業の父〟という存在ですよね。だから台湾の高雄市の製糖工場内に、彼の銅像がありますね。

金　今でこそみんな、甘いものをあまり食べないけれども、昔は砂糖はものすごく貴重なものだった。

東京・丸の内の立派なビルの中に砂糖の製造、輸出、販売などに関わっている会社の協会があるんですよ。砂糖でお金を儲けた人たちの集まりで、これまでたまに、私を講演に呼んでくださったりしています。

不毛の大地を台湾の〝食料庫〟に一変させた八田與一

金　台南には戦前、烏山頭ダムができて、嘉南平野の灌漑ができるようになった。烏山頭ダムをつくったのも日本人ですからね。

井上　日本人技師・八田與一の功績ですよね。台南がある嘉南平野一帯は、かつて不毛の大地でしたが、日本統治時代につくられた東洋一の烏山頭ダムによって嘉南平野は台湾最大の穀倉地帯へと変貌していった。これはすごいことですよね。

金　烏山頭ダムができて、台南の荒れ地が豊かな農地になったわけですよ。

井上　台南は今や台湾の食料庫と言われていますから、烏山頭ダムの果たした役割は大きいですね。

金　お米の三毛作も日本人の指導でできるようになりました。日本人は真面目だし勤勉で、本当によく働きますね。

灌漑は水があるだけではダメで、水を溜めるダムもつくり、土地全体に水を行き届かせなければならない。要するに、灌漑のためにはいろんなことを緻密に考える必要があります。非常に手間暇がかかることだけれども、日本人は手間暇を惜しまなかったわけですよ。中国人は、例えば山に行って檜を1本倒して売ればけっこう儲かるとなると、檜を切っては売るだけしかしない。でも日本人は、檜を植えて大きく育つまで忍耐強く待つんです。

井上　2011年に烏山頭ダムの近くに八田與一記念公園ができたんですが、八田與一が暮らしていた家が再建され、内部が見学できるようになっています。おまけにこの公園につながる道路にも八田路という名前が付けられていました。

金　残念なことに、八田與一は戦時中に亡くなりましたね。

井上　1942年5月にフィリピンの綿作灌漑調査に向かう途中で乗っていた船がアメリカの潜水艦に攻撃されて沈められ、彼は56歳で殉職しました。そして終戦直後の1945年9月に夫人は子供を残して、夫がつくったダムの放水路に身を投じて亡くなりました。

そんな八田夫妻の墓標が、八田與一の銅像と共に烏山頭ダムのほとりに建っており、ここで毎年５月にいまでも地元の人々によって慰霊祭が行われています。２０２３年5月8日の81周年墓前祭には頼清徳氏も出席しているんですよね。

日本のおかげ

金　次に、日本統治時代の教育の話をしましょう。それ以前の、中国の清朝の支配下では、台湾人の一部の人が、科挙の試験を受けるために勉強をしました。その一方で、一般の教育など、ほとんどなされていなかった。

井上　老台北の蔡焜燦さんも、「中国の教育は科挙に受かればもうすべて人生が保証されるみたいなところがある。ところが台湾での日本による教育はまるっきり違うものだった」と言っておられました。

金　科挙はお役人になるための試験で、科挙に受かるのは大変だった。清朝において、出世しようと思ったら、科挙試験の合格を目指さなければならない。つまり一部の人だけが教育を受けていたんですよ。しかし日本統治時代には一般の人たちにも均しく教育を施しましたので、台湾人だれもが読み書きできるようになりました。

井上　それに日本語を通じて科学技術、医学、哲学といった分野の知識を得られるようになったことは、台湾の発展に大きく寄与したと思います。

金　日本による台湾人への教育で、具体的にいちばんありがたかったのは、津々浦々まで学校が建てられたことです。公学校です。

井上　日本政府は1898年に公学校令を施行し、台湾全土にも台湾人児童のための学校である公学校が開設されました。ちなみに日本の統治が行われた地域には、台湾のほかに朝鮮、満洲、南洋の委任統治領パラオなどにも、現地人が通う公学校ができました。

金　台湾人のために公学校をつくったのは、日本人の生徒と違い、台湾人の生徒の家庭では日常会話が台湾語だったので、日本語の国語力にハンディキャップがあったからなんですよ。公学校は、そんなハンディのある、台湾語を母語とした生徒たちのための学校なの。最初から日本語ができる生徒たちが行く学校は小学校だった。

つまり、「あいうえお」の勉強から始める生徒と、日本語ができて読み書きから始める生徒が同じ学校で学んでいては授業の効率が悪い。それで、差別ではなく区別のために、2種類の学校ができたんです。

熱弁をふるう蔡焜燦氏（平成25年）

だから台湾人の生徒でも、日本語を上手に使いこなせる児童は、小学校に入ることができましたよ。

井上　老台北の蔡焜燦さんから「朝鮮では皇民化教育などという言葉を使うけれども、台湾には皇民化教育など、なかった」と教えられました。で、「どういうことですか」と聞いたら、「１８９５年に日本が領土に組み込んだ台湾で、いきなり日本語をしゃべれる者は誰もいなかった。だから台湾人の子弟は公学校に行って日本語教育を受け、一定のレベルになったときには、日本人の子弟と一緒に机を並べられるようになった。

今だって父親の仕事の関係でアメリカへ行ったとき、いきなりアメリカの普通の学校に入れられたら、その子は困るでしょう。英語で何を言っているのかわからないはず。だから、まず英語を学ぶ必要がある。

公学校も台湾人の児童が、日本語を学ぶためにあった。当たり前のことだったのに、それを皇民化教育と批判するのはおかしい。台湾人は皇民化教育を強制され、日本人と違う学校に通わされて差別されたという認識はない」。

金　先に、「台湾の各原住民の共通の言葉もなかった」と言ったけれども、日本統治下の教育によって、日本語がその人たちの共通言語ともなったんです。

日本は真面目だった。もちろんいいことばかりではなかったけれども、重ねて言いますが、津々浦々まで学校をつくったことは高く評価されるべきです。だから台湾には文盲がいなくなった。台湾には字が読めないという人はほとんどいなかった。それは日本のおかげなんですよ。

〝人の道〟を教えた日本の教育

井上　また、蔡焜燦さんは「日本の教育では、教育勅語や修身の教科書で人としてどのように生きていくかをきちんと教えてくれた。戦後の日本ではこれらを批判しているようだけれど、まったくもって軍国主義的なものではなかった」と言っておられました。

特に教育勅語における「一旦緩急あれば義勇公に奉じ」は国民として当然の義務であり、「夫婦相和し朋友相信じ」は、現代でも古今東西に通じる〝人の道〟だと、絶賛されておられましたね。

教育勅語について言うと、ずいぶん前の話になりますが、高雄市の東方工商専科学校では教育勅語が教育方針の一つとなっており、英語をはじめ7ヵ国語に翻訳され留学生たちにも渡されているというから驚きでした。

金　教育勅語や修身は今の日本の教育では跡形もない。

井上　かつて蔡さんに連れられて台湾最大手の新聞社・自由時報社に行ったとき、董事長（社長）の呉阿明氏が、戦前の日本の『尋常小学修身書』を棚から取り出して見せてくれたんです。呉さんは、「これには本当に人として生きるべき教育の教えがしっかりと書かれている」と力説されていました。

金　日本統治時代の教育を高く評価している台湾人は多いんですよ。

井上　本当にそうですよね。日本統治時代を経験した台湾人は口を揃えて日本教育を称賛されており、「日本統治時代の教育が今の台湾をつくった」とさえ言う人もいました。蔡さんは、とりわけ「徳育教育」という道徳教育を絶賛されていました。また「日本の統治時代には日本人教師が貧しい家庭の子供の授業料を払って学校に行かせたこともあった。だから台湾人は今でもその恩を絶対に忘れない」という話もしてくれました。

現代の偏ったイデオロギーに基づく歪んだ学校教育とは比べものにならない素晴らしい教育が、戦前の台湾で行われていたことは事実ですね。

金　そうした日本統治時代を語るとき、許文龍さんのことを忘れてはいけません。許さんは、ABS樹脂の生産で世界一を誇る奇美実業の経営者だった。蔡さんとも親しく、1996年から約4年間、李登輝総統時代の総統府の国策顧問を務め、2000年から2006年までは総統府資政として、陳水扁総統の相談役でもあったたいへんな親日家の一人でしたね。

その許文龍さんも日本統治時代を高く評価されてました。

井上　許さんは、民政長官だった後藤新平をたいへん尊敬され、後藤新平の胸像をつくって台湾の観光地に設置されたことも覚えています。この後藤新平の遺訓、「金を残す人生は下、事業を残す人生は中、人を残す人生こそが上なり」は、台湾の人々に大きな影響を与えたのではないでしょうか。
　また、許さんが執筆された小冊子「台湾の歴史」には、こう綴られています。
《日本台湾統治の五十年間、戦争末期の十年を除けば四十年間、台湾が治安衛生の悪い清朝時代から一転していわゆる「夜夜不閉戸」の治安の良い社会になったのは、人民にとって非常な一大事である》
　つまり日本統治時代の台湾は、夜に戸締まりをしなくても、人々が安心して暮らせる治安の良い社会だったというわけですよね。そしてこうも書かれています。
《台湾の基礎は殆ど日本統治時代に建設したもので、我々はその上に追加建設したと言っても良い。当時の日本人に感謝し、彼らを公平に認識すべきである》
　これが日本統治時代の実相ですよね。

不用意な謝罪

井上　1999年5月に、たいへん印象深いことがありました。台南市の社会教育館で後藤新平と新渡戸稲造の業績を称える国際シンポジウム（事績国際研討会）が開催されたときのことです。戦後の台湾で日本人をめぐるシンポジウムは初めての試みだったと思いますが、私も招待をいただいて参加させてもらったんです。

金　私は参加しなかったけれども、李登輝さんが総統になってから日本統治を公平に評価しようとする動きが出てきたんですよね。こうしたことで台湾と日本の相互理解がより一層深まって、関係強化につながっていったと思いますよ。

井上　本当にそうでしたね。このシンポジウムでは、台湾側は、経済界・学術界からの要人に加え、台南市長も参加するほどの熱の入れようでした。日本からは、後藤新平と新渡戸稲造のお孫さんを含む45名が参加しました。

シンポジウムの冒頭では、昭和大学名誉教授だった黄昭堂先生が挨拶を行いました。黄先生は、金先生と一緒に長く台湾独立運動に携わってこられた方ですよね。黄先生は、まず日本の台湾統治の時代背景について、「帝国主義は当時の世界の潮流であり、日本だけが謝る必要などない」と斬りこまれたんです。そのとき、すごく感動したことを今でも鮮明に覚えています。

ところが、次に挨拶に立った日本側代表が、「日本による戦前の台湾統治で日本は良いこともしたが、悪いこともしたでしょう。そのことについて謝罪したい。われわれはただお詫びするしかありません」と言っちゃったんですよ。

そのとき、シンポジウムで総合司会を務めていた蔡焜燦さんが、「一つだけ言っておきますが、日本が台湾へ謝罪する必要はありません。それよりも隣の大きな国と戦っている台湾を応援してください」と日本側代表の謝罪発言をたしなめたんです。いや〜これは痛快でしたし、また感動しましたよ。

実はこのとき、この日本人の謝罪発言によって会場が、「戦前の立派な日本人に対して、今のだらしない戦後の日本人が何を言っているんだ」と言わんばかりの空気に包まれたんです。

どうも日本側代表は、台湾の歴史を学ばずに格好つけて、「まずちょっと謝っておけばいいだろう」と思ったんでしょう。これは１９９４年にマレーシアを訪れた当時の村山富市首相と土井たか子衆議院議長が過去の戦争での謝罪を口にしたのと同じです。あのときマレーシアのマハティール首相は、「なぜ日本が50年前に起きた戦争のことをいまだに謝り続けるのか理解できない」と、２人を諭したと言われていますよね。

金　いわゆる「戦争＝悪」という刷り込みですね。戦後の日本人にはそれが強く刷り込まれていると思いますよ。

井上　その刷り込みによって日本側代表は、なぜ台湾で後藤と新渡戸のシンポジウムが開かれたのか、ということの本質を理解できていなかったと思います。

日本統治に対する公平な評価

金　日本による台湾統治の半世紀を、これまた西欧諸国と同じ〝植民地統治〟だとして「悪」と決めつける人がいますが、これは実態をまったく理解していないと思いますよ。

井上　戦後、この間違った刷り込みに多くの日本人が侵され続けていますよね。それが如実に表れたのが、2009年4月に放送されたNHKの番組『JAPANデビュー』第1回「アジアの〝一等国〟」だと思います。台湾の日本統治時代を取り上げた内容ですが、台湾の人々の日本統治時代への思い出話を巧妙に歪曲した、テレビ史上最悪の捏造番組だったのではないでしょうか。

この番組では、日本統治時代を高く評価する大多数の意見を完全に無視したうえで、インタビューした年配者の声を都合よく歪曲編集しました。また歴史を捏造して、まるで日本統治時代が差別と弾圧の暗黒時代であったかのように描いていました。

この番組が放送された後、番組でインタビューを受けた台湾人たちと、番組を観て憤慨した日本人視聴者とを合わせて1万人以上が、ＮＨＫを相手取って集団訴訟を起こす事態に発展しました。これは、台湾人の対日感情を中国人や韓国人のそれと同じだろうと思い込んだＮＨＫの大きな誤算だったのではないでしょうか。

金　植民地統治にもいろいろあって、イギリス、オランダ、アメリカ、日本の統治はそれぞれやり方が違うんですよ。搾取するだけの国もあれば、そうでない国もある。さまざまなわけじゃないですか。

日本は台湾と朝鮮半島を統治しました。台湾のように温かいところの人間はどちらかと言えば素直だし脳天気だから、日本の統治についてもかなり素直に評価したわけです。一方、韓国は何が何でも日本の統治は悪だと言う。結局、そこには統治する側だけではなくて、統治を受ける側の民族性も関係してくると思いますよ。

井上　それはあるでしょうね。

金　しかも台湾は豊かな土地だったから、統治がしやすかったということもあったでしょう。

とはいえ、50年間の日本の統治では、プラス面もあればマイナス面もあったでしょう。

そのうえで私は、日本の台湾統治は、プラス面が大きかったと思いますよ。そうでなければ台湾人が、これほど日本を好きにはならないでしょう。それが答えでしょう。

井上　まったくですね。蔡焜燦さんをはじめ、日本統治を経験した多くの台湾人はみな日本統治を称賛していることが証左でしょう。

金　もう一つ私が言っているのは、「日本の台湾統治の50年というのはある意味では台湾が文明化したプロセスでもある」ということです。逆に言えば、日本統治の50年がなかったら今の台湾はなかったと思いますよ。

金　私に言わせると、日本が台湾を50年間統治して今日の台湾があるということも台湾人は忘れてはいけないし、日本人も自分の先祖がやってきたいろんなことをきちんと知って、こうした史実をしっかりと認識しなければならない。

井上　また先生はいつも、「歴史には光と影がある」と言われている。私は長年にわたる台湾取材を通じてその言葉の意味がよくわかりました。そして台湾で日本の本当の歴史を知ることができたことはなによりでした。

台湾を知ることは、日本を知ることだという認識に至っています。

第3章

中華民国から台湾へ

国民党軍はみすぼらしい敗残兵のようだった

井上　１９４５年8月15日の終戦で日本人が台湾から引き揚げ、代わって大陸から国民党軍が台湾に乗り込んできた。中華民国による支配の始まりでした。

中国大陸では、蔣介石が率いる中華民国の国民党政権と、毛沢東が率いる中国共産党による内戦が続いていましたが、10月17日に約1万２０００人の国民党軍が台湾北部の基隆港に上陸してきた。そして彼らが首都の台北へと進軍してきた光景を目の当たりにした台湾の人々は大きな衝撃を受けたんですよね。

それまでの台湾人にとっての軍隊とは、一糸乱れぬ行進で沿道の人々を魅了した威風堂々たるかつての日本軍の姿でした。対して、台湾接収のために中国大陸からやって来たのは、天秤棒に鍋釜を下げ、みすぼらしい綿入り服に身を包み、唐傘を背負った草鞋履きの兵士たち。それを見て、青天白日旗を打ち振って出迎えた沿道の台湾人たちは絶句し、次第に歓声もなくなっていったと言います。

大陸からやって来た、そんなみすぼらしい国民党の兵士たちは、台湾各地で略奪、凌辱とあらん限りの悪事を働きました。こうしたことから、台湾の人々の失望や不安は相当なものだったと思います。

国民党軍が台湾に乗り込んできた1週間後、台湾省行政長官・陳儀が台北にやって来た。10月25日には日本軍の降伏式が行われ、この日をもって台湾は中華民国に復帰したわけですが、金先生はそのときのこと、覚えてらっしゃいますか。

金　私はそのとき中学生だったから、少しは物事がわかっていて、田舎に逃げましたよ。今の総統府の斜め前にあった私の通っていた第一女子中学校にも軍隊が入ってきたんですよ。というのも国民党軍の兵士たちは、住むところがないので学校で寝泊まりすることになったの。もちろんそうなれば授業なんかできないし、学校が接収されるかたちになったわけですよ。

井上　そうだったんですか。あんな野蛮な連中がやってきたら怖くて同じ空間なんかに居られませんよね。いずれにしても大陸から国民党軍の中国兵が台湾に乗り込んできたことは、台湾人にとっては悲劇の幕開けでしたね。

それ以降の台湾は、日本統治時代とは打って変わって汚職がはびこり、人々の道徳は乱れに乱れた。加えて大陸からやってきた中国人は「外省人」、もともといた台湾人は「本省人」と呼ばれるようになったわけですが、外省人による本省人への差別と迫害は酷かったんですよね。その当時の日本人はもとより、今の日本人もこの戦後の台湾の悲劇を知る人は少ない。

当時の台湾人は口々に「犬が去って豚が来た」と揶揄したそうですね。犬はうるさいが忠実で身を挺して守ってくれる、しかし豚は不衛生でただむさぼるだけだということの喩えで、犬は日本人、豚は中国人のことを指していたとのことでした。

ちょうど私が台湾取材を始めた頃、台湾人の年配者から「終戦で仲良くやっていた日本人が引き揚げていったら、とんでもない粗暴な連中が大陸からやってきて同居させられた」と言って中国人の悪事をまくしたてられたことが、ものすごく印象的でした。

金　台湾人も最初は、中国人がどういう人達かわからなかったのよ。引き揚げる日本人を、涙を流しながら見送り、「母国の懐に還る」と言われて中国人が来たときには歓迎した。でも蓋を開けてみたら中国人は酷かった。当時の台湾人もバカと言えばバカだし、素直と言えば素直だったんですよ。

井上　大陸から台湾に乗り込んできた中国人は、とんでもない連中だったわけですよね。

金　日本人と違って教育が全くなされていなかった。順法精神もなければ公の精神なんてものはない。賄賂は取るわ、乱暴狼藉はするわで酷いものだった。そうしたことに台湾人は不満を募らせてゆき、「二・二八」事件が起きて、台湾全土で台湾人が立ち上がったんですよ。

世界が知らなかった二・二八事件

井上　1947年2月27日、台北でタバコを売っていた台湾人の老婆に、外省人官憲と専売局の役人が難癖をつけて暴行を働いた。それに対し、普段から外省人の横暴に不満を募らせていた台湾人たちが強く抗議したところ、官憲の1人が台湾人たちに向かってピストルを発射し、1人の若い命が奪われた。

これが発端となって、翌28日に群衆が専売局に押しかけ、抗議行動を展開したところ、今度は憲兵隊が出てきて機銃掃射を行い、十数名の死傷者が出た。この暴動が台湾各地に飛び火していったため、国民党政府の行政長官が台湾全土に非常事態を宣言し、以後、民衆の抗議行動に対して激しい弾圧が加えられるようになった。これが二・二八事件ですよね。

金 二・二八事件が起きた時はまだ、台湾に取材に来るような外国のメディアもなかったので、この事件は世界にほとんど知られていなかった。世界でよほど台湾に詳しい人以外は二・二八事件のときに何が起こったかを知るすべもなければ、関心もなかったと思いますよ。

井上 その後、蒋介石政権は、日本統治時代に教育を受けた台湾人の医師、弁護士、学者、教師など知識層を片っ端から抹殺していった。「白色テロ」の始まりですよね。無辜の人々が、スパイ容疑などの罪状をでっち上げられ、まともな裁判もなされないまま、凄惨なリンチや処刑によって殺されていき、その犠牲者の数は3万人とも5万人とも言われますが、正確な数字はいまだにわかっていないということですね。

金 一言で言うと、蒋介石政権は、リーダーになりそうな台湾人を次々と抹殺していったわけです。台湾人は素直だから、「会議をやりましょう」と言われてみんなノコノコと出かけたら、一斉に逮捕されて殺されたんですよ。

井上 金先生のご主人の周英明先生も、蒋介石政権による台湾人弾圧を目の当たりにされたそうですね。

金 彼は、高雄の駅前で名前と罪状が書かれた札を付けられ、両手を後ろに回された男性が射殺されたところを見たんですよ。中学生だった彼はそれが非常に怖かったので、二度と政治的な発言はしないと心に決めたと言ってましたよ。彼も中学生ではなくて、もうちょっと年が上だったら抵抗運動に参加していたかもしれなかった。

実はこの話には続きがあるの。ある日彼が、古書店で大学の受験に備えて参考書を買って、本のいちばん最後のページに書かれていた名前を見たら、なんとそれは駅前で射殺された人の名前だったのよ。

井上　かなり驚かれたと思いますが、そんな偶然もあるんですね。

金　彼はその名前を見たとき、「この人はもっと勉強をしたかったに違いない。本当は反乱分子でも何でもなかったのだろう。自分と同じように学んできた人が、突然、あんな悲惨な運命を辿ることもあるのだ、ということを思い知った」と言っていました。

国民党と中国共産党は同根

井上　日本人は戦後、台湾については蔣介石の国民党と毛沢東の中国共産党との表面的な対立の構図しか見えていませんでした。私もかつてはそうでした。司馬遼太郎さんが『台湾紀行』で指摘しているように、蒋介石が中華民国という国家丸抱えで台湾へ逃れてきたので、本来台湾は中華民国とは無縁だったということも知りませんでした。ましてや大陸からやってきた国民党の中国人が台湾人を弾圧し、共産国家顔負けの独裁体制を敷いていたなんて、台湾の取材を始めるまでまったく知りませんでした。

金　台湾では国民党がずっと一党独裁政治を行っていました。先に述べたように、台湾の政党は国民党以外にはなく、そもそも他の政党をつくるということが許されなかった時代が、ずっと続いていたんですよ。

井上　つまり国民党独裁の中華民国も、共産党独裁の中華人民共和国となんら変わらないわけですよね。というより独裁者が違うだけでまったく同じじゃないですか。

金　そう、中国共産党と国民党というのは兄弟の組織なんですよ。

井上　不思議なことに、かつて内戦までして中国共産党と激しく対立していた国民党が、今ではなぜか親中政党になっている。このことからしても、結局は同じじゃないかということがわかりますよね。

金　同じですよ。根底には中華思想があり、その点で一緒なんですよ。結局、国民党は中国から来た、中華思想の怖さを持った組織です。

井上　国民党一党独裁時代には、台湾人の多くは口には出せないけれど、国民党に対して疑心暗鬼、恐怖感、不信を抱いていましたよね。ところが日本人はこのことを知りませんでした。東西冷戦の枠組みで、共産党一党独裁の中華人民共和国に対抗する国民党の中華民国は、自由と民主主義を共有している国だと勘違いしている人がほとんどではなかったでしょうか。

金　そもそも中華思想の恐ろしさというのを日本人は知らない。私は台湾で中国人を直に見ているから、よくわかっています。

中華思想では中国は世界の真ん中だと思っているわけですよ。清朝の時代において首都は北京にあった。あとの地域は北京からはるか彼方だし、そういうところに住んでいるのは、全部蛮族だと考えていたんですよ。

だから、北京の自分たちがトップだとしたら、周辺の国々は全部、自分たちの下になるし、北京から見ると台湾なんてどこか遠くの未開の土地でしかなかったんですよ。だから彼らは、そんな地域の統治のためにはどんな手を使ってもよいと考えている。それが中国人の台湾人に対する圧力や横暴な振舞いにつながっているんだと思います。

井上　国民党も中華思想だから、同じように考えていたわけですよね。

金　日本人も中華思想の本質とその怖さを知らなければいけませんよ。でも今の日本では、メディアも中華思想について何も言いませんね。中華思想がわかっていないのか、わかっていても怖いから言えないのか。そういうことではいけませんよ。

日本に留学した目的

井上　その後、金先生は、台湾から日本に留学され、さらに台湾独立運動に関わるようになったわけですが、まず日本に留学してきたときのことをお聞かせください。

金　私は1959年に日本にやって来て早稲田大学第一文学部英文科に入学しました。私みたいな落ちこぼれが早稲田に入ったことを知って怒った台湾の友人もいたでしょうね。普通に早稲田大学を受験して合格するのはけっこう大変だったけれども、留学生のための特別枠があったから入学できたのよ。それで、他の人々と同じような受験の苦労はしてないから、私自身はいつも「通用門から大学に入った」と言ってるの（笑）。

通用門から入っても、入ったらもうこっちのものですからね。私はいつもそういうふうに楽してきたから、勉強ができる人に対してはちゃんと敬意は払ってますよ。

井上　裏口入学ではなく合法的な〝通用門入学〟ですね（笑）。ところで金先生が日本留学を決めた理由はなんだったんでしょうか。ずいぶん前に、先生から、ダンスパーティに行きたかったから、なんていう話を聞いた覚えがあります。スーツケースに、ドレスとハイヒールを詰めて日本にやって来たと。違いましたっけ？（笑）

金　ダンスパーティのためだけじゃなくて、歌舞伎座にも行く、クラシックコンサートにも行くということだったね（笑）。それでスーツケースに詰め込んだのが、ペアのバッグとハイヒール、ダンスパーティに行くときの衣装、歌舞伎座に行くときの衣装など……。本なんて1冊もなかったわよ。

それでね、早稲田大学に入って、まず大学のダンスサークルにちょっと顔を出してみたら、「えっ、ここでは社交ダンスを楽しむのではなくて、ショーのための写真を撮るだけなの？」て思ったの。今、社交ダンスはちょっとしたブームで、テレビでも番組をやっているでしょう。ただ、社交ダンスと言ってもショーなの。当時の早稲田のダンスサークルもそうだったんですよ。

で、「これは違うわ」と思ってやめちゃった。だって社交ダンスというのは楽しむためにあるわけでしょ。それが日本ではパフォーマンスでしかなかった。だからがっかりして、結局そのサークルには入らなかったの。

要するに、私が日本に行ってやりたかったのは、台湾ではやりたくてもできなかったこと。それがダンスパーティ、歌舞伎座、クラシックコンサートに行くことだったのよ。

井上 社交ダンスはダメ、ではそれ以外はどうだったんですか。

金 歌舞伎についてだけれど、早稲田のクラスメイトに「歌舞伎を見たいのよ」と言ったら、そのクラスメイトのお兄さんが東大大学院の国文学研究室の博士課程の人で、歌舞伎に詳しい人だったの。なんと当時売り出し中の前田愛という国文学者だった。

前田さんに会って相談したら、「最初に見たものが好き嫌いを決める。いい出し物があるまで待ちなさい。九代目・市川團十郎の襲名興行があるから、そのときまで歌舞伎を観るのは待ちなさい」というアドバイスをしてくれたんですよ。

それで、九代目團十郎の襲名興行で初めて歌舞伎座に足を運んで、そこでどっぷりと歌舞伎にはまっちゃったの。

井上 それはまたラッキーでしたね。

金 残念なことに前田さんは早逝してしまった。でも本当に良いアドバイスをもらったといまでも感謝してますよ。

台湾独立派と出会ったきっかけ

井上 日本で金先生が台湾独立運動に関わるきっかけになったのは、『台湾青年』という雑誌だったわけですよね。

金 日本に留学した翌年の1960年、私のところに『台湾青年』の創刊号が送られてきたのよ。

井上 『台湾青年』は、在日の台湾人留学生を読者対象にして1960年4月に創刊された隔月刊の雑誌ですよね。台湾独立運動を行っていた黄昭堂先生たち在日の台湾人留学生有志が編集・発行に携わって2002年の第500号まで続いたんですよね。

金 『台湾青年』は台湾人が初めて自分の思想を活字にして配った雑誌だった。この創刊号をもらったとき、すごく興奮したのを覚えてますよ。

なぜなら、当時は〝台湾〟という言葉を使うこと自体がタブーだったからね。しかもこの雑誌は間違いなく台湾独立派の人たちが発行していることがわかったから、驚きを禁じ得なかった。正直言って私が日本にやって来たとき、台湾独立運動も含めて政治的なことは何もわからなかったの。それで「いったい誰がこんな雑誌をつくっているのだろう」と思いながら、もらったその日のうちに一気に読んでしまったんですよ。

たまたまその日は午後6時に飯田橋で、知り合いのアメリカ人に会ってご飯を食べるという約束があったの。この人と知り合ったのは、私が台湾の国際文化会館で受付兼館長秘書をやっていたときだった。国際文化会館は海外の留学生や大学教授が泊まる施設なので、いろいろな人に出会うんですよ。

そのアメリカ人はタイピングができなかったので、タイピングはお手のものだった私に「論文を提出するのでタイピングしてほしい」とお願いしてきたんですよ。

その人が台湾の次に留学してきたのが日本だったわけ。義理堅い人だったので、日本に来たとき、あのときのタイピングのお礼がしたいと言って私を食事に誘ってくれたんですよ。

食事が終わって2人でタクシーに乗ったとたん、彼は「『台湾青年』という雑誌を知ってますか？」と聞いてきた。それで私が「知っています。ちょうど今日受け取って全部読んできたところですよ」と答えたら、さらに「内容をどう思う？」と聞くので、「すごくエキサイティングですね。これは間違いなく台湾の留学生がつくっていると思います。こんなに日本語ができて、しかもここまでの勇気のある人がいるなんてすごいことですね」と話したの。

すると、彼は「雑誌をつくっている人たちに会いたくないか」と言うから、私も無鉄砲だから、すぐに「会いたい、会いたい！」と答えたんですよ。

このときは、『台湾青年』を発行している人に会ったら、中華民国のブラックリストに載ってしまうということを、考えもしていなかった。ただいきなり「会いたい、会いたい！」と答えてしまったわけですよ。

それで彼が、当時台湾独立運動の闘士だった黄昭堂さんに「あなたに会いたいと言っている女性がいる」と連絡してくれたんです。そうしたら黄さんは、「自分から会いたいとやって来る者は、スパイに決まっている」と言ったそうですよ。

井上　黄昭堂さんの警戒心というか危機管理はすごいですね。

黄さんは台湾の台南市生まれで台湾大学を卒業した後、１９５９年に東京大学へ留学してきた人で、留学の年は金先生と同じですよね。東大卒業後に聖心女子大学、東大教養学部の講師を経て昭和大学の教授になっておられますが、そもそも日本に留学してきたときから、台湾独立運動の主導者になったと聞いています。

黄昭堂氏

私も黄先生にはたいへんお世話になりました。黄昭堂さんが台湾安保協会の理事長も務められていた時、2004年10月には台北で開催された同協会主催の「アジアの安全保障現状と展望」国際シンポジウムに、私も講演者の一人として招待いただきました。そのときの黄昭堂さんの研ぎ澄まされた安全保障感覚と拡大する中国の軍事的脅威に対する警鐘と危機意識に大いに啓発され、たいへん勉強になったことをいまでも鮮明に覚えています。

金　だからこそ黄さんは、「自分から会いたいとやって来る者はスパイだ。女は役に立たない」という考え方を持っていた。それが黄さんの黄さんたる所以ですよ。それで私は黄さんから試されて試されて、やっと台湾独立建国連盟に入ることができたんですよ。それまでに、ずいぶん時間がかかったけどね。

それにしても黄さんはとても立派な人だった。自分の財産を全部、世のため人のために注ぎ込んだ人なのよ。そんな黄さんとのエピソードは、話せばきりがないほどありますよ。

ブラックリストに載った理由《わけ》

井上　台湾独立運動と言っても、1960年代は国民党を批判したり、独裁政権の悪口を言えなかった時代ですから、みなさんは筆舌に尽くしがたい苦労をされ、何度も命の危険を感じてこられたと察します。
台湾独立運動をしていた人たちと関わると、国民党政府のブラックリストに載ったそうですが、金先生がブラックリストに載ったのはいつごろなんですか?
金　当時、〝台湾〟という言葉を使うことがタブーで、〝中華民国〟と言わなければいけなかった。そんなときに私は早稲田大学で、台湾からの留学生の同窓会をつくったんです。
早稲田の同窓会というのは、出身地域に「稲門会」という名称を付ける。だから私は、「台湾稲門会」をつくったの。出身地域を〝中華民国〟ではなく〝台湾〟にした稲門会だったからすぐに独立派だとみなされて、即ブラックリストに載ったんですよ。台湾という名称を使ったのはもちろん私の確固たる意思表示です。

井上　ということは、台湾稲門会をつくったということを、誰かが当局に告げ口したわけですか？

金　実はこういうことなのよ。他の大学では台湾人留学生の集まりは「中華民国同窓会」といった名称だったのに、早稲田だけ台湾稲門会でしょう。だからそれがすぐに中華民国大使館にわかったの。当時まだ東京にあった中華民国の大使館からすれば、けしからんということで、私を即ブラックリストに載せたんですよ。

井上　なるほど。

金　その意味では、私は在日台湾人の誰もやらなかったことをやったわけですよ。

井上　ブラックリストに載ると中華民国のパスポートがもらえなくなり、だから金先生はそれ以降ずっと台湾に帰れなかったわけですよね。

金　三十数年もずっと台湾に帰れなかった。あのときは泣きの涙だったけれども、今や私の勲章ですよ。あの歴史がなかったら、私は、大威張りはできないわよ（笑）。

井上　いまでは想像もできないことですが、あの当時は、台湾人留学生が〝台湾〟という言葉すら使えなかったわけですよね。そんな中でよくぞ台湾稲門会をつくられましたね。さすがは金先生ですね。心より敬服いたします。

金　台湾人留学生で、中華民国ではなく台湾だと思っていても言わない人はたくさんいたよ。東大に通っていた留学生に、「考え方は同じだけれども、それは言えない」と打ち明けられたことありましたよ。立派な男でもみんなそうでしたが、そういう人たちと違ったのは周英明だけだった。

井上　のちに結婚される、ご主人の周英明先生ですね。周先生は頭脳明晰でたいへん温厚な方でしたが、芯の強い信念の人でしたね。蔡焜燦さんが周英明先生のことを〝台湾の宝〟と称されていたほどの天才だった。

金　彼は天才ではありません。天才は私ですよ（笑）。

井上　ほんとうに、いやその通りです、師匠！（笑）

金　あの人は絵に描いたような優等生で、秀才と言うのも当たらない。勉強が大好きでした。一方の私は、瞬発力はあるけれども、コツコツと勉強することは嫌いだったの。

井上　はい、誰よりも優れた瞬発力をお持ちなのは、絶対に間違いありません（笑）。

金　あの当時、周は、ペンネームで『台湾青年』に下手な小説を書いていたんですよ。

井上　それは初めて聞きました。

金　ペンネームは「孫明海」だったけど、それは自分の友人の孫某という人にちなんでつけたらしいの。戦前は、若者はみんな軍隊に行った。戦争中、孫某さんも大学を出る前に出征して亡くなったんですよ。仲のいい友人だったから、その人が生きていたら一緒に日本に留学しただろう、と周はよくそう言っていた。

それで彼は、若くして亡くなったその友人を偲んで孫明海というペンネームで『台湾青年』に小説を連載するようになったんですよ。

井上　なんだか切なく、しかし感動的な話ですね。ところで金先生は最初から、『台湾青年』にペンネームで周先生が小説をお書きになっていたことを知っていたんですか。

金　もちろん知らなかった。そんなことは誰からも聞かなかった。

でもね、彼に出会って、いろいろしゃべった後、「あの小説を書いたのはあなたでしょう？」と聞いたのよ。それを聞いて彼はびっくり仰天して慌てて「なぜ知ってるの？」と言うので、私は「だって、今まで私にしゃべったことは、小説に書いてあることと全く同じですよ」と答えたのよ。もうバレバレで……。最初はそんな出会いだったの。

台湾独立派の同じグループの人たちが「ご飯を食べよう」と誘ってくれたから、その会食の場で彼と最初に出会ったんです。そんな出会いだったのよ。

プロポーズの電話

金　わが家の娘に言わせると、「パパはよく言えば超越している。悪く言えば世間知らず。だから、みんな恐れて逃げていったのに、ママみたいな人と結婚したのよね。ママはじゃじゃ馬だったから、誰も怖くて近寄らなかった」ということなのよ（笑）。

井上　私がご自宅にお邪魔すると、いつも周先生は深座りをされていて、金先生と私の会話を黙って頷きながら終始ニコニコしておられたのを思い出します。あの優しい笑顔が浮かんでくると、今でも涙がこみ上げてきますよ。

私は、もちろん金先生からいろいろなことを教わりたいと、ご自宅に通っていましたが、いつしか伺う目的が二つになったんです。それは何か。ズバリ言うと、自分の書いた記事を周先生に褒めてもらいたかったんです。

あの頃、私は小学館の『サピオ』などの雑誌に寄稿しており、周先生は私の書いた記事を全部読んでくださっていたんですよ。そのうえで、「井上さん、あなたのここの視点は非常に素晴らしい。とてもいいよ」と講評をいただいていたんです。それが嬉しくて、またなによりの励みでした。

金　あの人は褒めることが上手だった。逆に、私には叱られることも多かったからね（笑）。

井上　はい、そうです（笑）。金先生から怒られ、周先生からは褒められる。いやはやそれで今の自分があります。金先生、周先生には本当に感謝しかありません。

金　わが家では「神か仏か周さんか。鬼か悪魔か金さんか」というのがキャッチフレーズだったのよ（笑）。ただしこの上の句は誰か身近な人が「周さんは本当に神様みたいな人よね」と言ったからできたの。下の句は周さんが言ったのよ。このキャッチフレーズ言い得て妙でしょう？（笑）

井上　お見事！　と弟子の私から申し上げておきます。

金　彼は独身時代、お姉さんに「自分の理想の相手というのは、自分の言ったことを全部理解してくれる人」と話したところ、「あなた、そんなことを言っていると一生結婚できないよ。あなたの七面倒臭い話を100％理解するような人がいるはずがないでしょ」と返されたそうなの。

でもね、あの後、彼から電話がかかってきたのよ。東大で行われた何かの選挙に負けてしまって、とても落ち込んでいる様子だった。それで私が、「そうですか。じゃ、話を聞いてあげるからウチに来ませんか」と言うと、「行きます！」という返事で、不二家のケーキを手土産に、わが家にやって来たのよ。

わが家で彼は延々としゃべったの。お昼ご飯も食べさせてあげたのだけど、それでもう帰るだろうと思ったら、その後もずっといて、話し続けるのよ。夜になっても帰ろうとしないので、仕方がないから、カニ玉の缶詰かなにかを開けて、夕飯をつくって食べさせてあげたわよ。

井上　そんなことがあったんですか。

金　結局、彼は朝から1日中、丸々わが家にいたのよ。

それで翌日、彼から電話がかかってきて、何とプロポーズされたんですよ。しかも、電話でよ。だから惚れた腫れたで結婚したというわけではないのよ。

彼からすれば、「七面倒臭い話をするから一生結婚できない」とお姉さんに言われたのに、ここに結婚する相手がいたということよ。ちょっとのろけて言わせていただくと、そういうことだったのよ（笑）。

井上　いやはやそれはまったく知りませんでした。まぁそんな周先生との馴れ初めのことなんか、金美齢先生に簡単に聞ける話じゃなかったですからね。

金　昼と夜に食事をして帰った翌日に、彼からプロポーズの電話があったわけだから、まったく図々しいと思ったわよ。でも、なぜか私も「わかりました」と答えたのよ。

井上　ありゃ、これはご馳走さまです（笑）。今度は私が食事をご馳走になっちゃいましたね。

金　正直な話、友人で彼よりハンサムな人はいくらでもいたわよ。私も当時、背が高くてお金持ちでとか何とか、結婚相手の理想の人を挙げていたんですよ。

彼はそんな私の理想の男性とはまったく違ってた。でも台湾人であれだけ知的な人というのは滅多にいなかった。それに、私よりも日本語が上手だったのよ。そんな台湾人もゼロでしたからね。

ところが、後で聞いてみたら、彼は日本の福岡生まれだった。戦後、日本から台湾に戻った家族だったというから、そもそも日本語は彼の母語だったのよ。台湾生まれの生粋の台湾人の私よりも彼の日本語はワンランク上かもしれないけれど、母語ならうまいのは当たり前じゃない。

それで、私は純粋に日本語を外国語として学んだんだから、私のほうが上だということで、結局、お互いハッピーだと勝手に自分で評価したんですよ。ということで1964年に結婚しました。

台湾に帰国したのに仕事がなかった

井上　周英明先生は、1933年に福岡県八幡市（現・北九州市）でお生まれになっておられるので、戦時中のことはよく覚えておられましたね。

金　1945年の終戦のとき、彼は小学6年生でした。当時、通学する小学校から成績トップの1人が推薦で小倉中学に進学することになっていて、彼は成績トップだったので本来は小倉中学に行くはずだったの。

ところが、日本の敗戦で彼は家族と一緒に台湾に戻ることになって、小倉中学への推薦枠が空いてしまうことになった。代わって成績が2番目の生徒がその推薦枠をもらったんですよ。それでその生徒の父親が、周が台湾に帰ることをいたく喜んで、なんと彼のために大歓送会まで開いてくれたっていうじゃない。息子が小倉中学に行けることがよっぽど嬉しかったんでしょうね。

井上　そうして周先生はご家族と一緒に１９４６年に台湾に戻られたわけですか。

金　敗戦で日本人が台湾から引き上げた後、周さんの一家は〝戦勝国民〟だと言われて台湾に戻ったんですよ。ところが台湾には仕事がない、そのためたいへんな苦労をしたらしい。終戦の混乱のために台湾がどうなっているかもよくわからずに移り住んじゃったのよ。

最初はお父さんも仕事が見つからなかったので、最終的に鉄道局で仕事を得るまで周たち子供は全員、あちこちの親戚に預けられたの。彼が預けられたのは、お姉さんの嫁ぎ先の病院だった。

当時の薬は、今のようにパッキングされていないので、いちいち量を量って一つずつ紙で包んでた。彼もその作業を手伝ったと言っていましたよ。

井上　学校も大変だったでしょうね。

金　彼は日本語が母語で、中国語も学んでいたけれど、台湾の学校では中国語ではなく台湾語が使われていたんですよ。だから言葉で苦労したでしょうね。それにしても彼は台湾語がすごく下手だったから困ったんですよ。

井上　周先生は台湾語には苦労されたわけですね。

金　そうなのよ。彼にはいろいろと面白い背景があって、私はそれを全部わかっていました。それにしても、もう一度言うと、台湾人に彼ほど知的な人は滅多にいなかったんです。私は、彼と出会う前にも後にもあんな知的な人に会ったことがなかった。知的なうえに政治的な思想も全く同じだから、私は彼と結婚したんですよ。

台湾の民主化

井上　周先生は強い信念をお持ちで、しかも芯が強い方だったという印象があります。周先生は中華民国と書いてあるパスポートの取得を断固拒否され続けたんですよね。

金　その通り。

井上　それはつまり中華民国を拒否され続けたということですよね。

１９８８年に李登輝政権が誕生して、以後、中華民国の民主化が進んでも、周先生は、それでも中華民国発行のパスポートを持とうとはされなかったと。

金　そうなんですよ。彼は頑として持とうとはしませんでしたね。私は１９９２年、34年ぶりに、民主化された台湾に帰国したけれど、彼は２０００年の総統選で陳水扁さんが勝つまで、中華民国のパスポート取得を拒否したのよ。

日本で台湾独立運動を行っていた台湾人は、私たち夫婦も含めて中華民国のブラックリストに載っていたんだけれど、民主化に伴って順番にブラックリストから解放されていったんですよ。つまり、ブラックリストにもヒエラルキーがあって、罪の浅い者から順番に解放されていったのよ。それでなぜか、風の頼りにそろそろ自分たちも申請に行けばパスポートがもらえるということがわかってきた。

とはいえ、罪が浅いのはそれだけ台湾独立運動への取り組みが熱心であったということだから、あまりに早くパスポートをもらえるようになったら、それはそれで恥ずかしいことでしょう。早く解放されたら面目が立たないわけですよ。

一方、ブラックリストから解放されるのがいちばん難しかったのが黄昭堂さん。ブラックリストのトップに載っていたから。ある意味でとっても〝名誉〟なことに、私はその次あたりのランクだったの（笑）。黄さんも台湾に帰ってからは、台湾独立建国連盟のトップをずっと務めましたよ。

そして、周にもブラックリストから解放される日が来たんだけれど、彼は「中華民国と書いてあるパスポートは嫌だ」と言ってパスポートの申請をしようとはしなかった。でも私は「独立運動の最前線は台湾なんだから、日本で犬の遠吠えをやっているよりは台湾へ帰るべきでしょう」と説得したんですよ。

それに対して、彼はフェアな人間だから、「確かに最前線は台湾だから、あなたの意見のほうが正しい」と言ってくれました。でも、それでも、「僕は嫌だ。気分が悪い」と拒否したのよ。

井上 なるほど。周先生にとって「中華民国」と書いているパスポートは断固拒否ということだったんですね。

金 彼の気持ちは、私もすごくよくわかったので、だから無理強いはしなかった。そんなときに周の頑なな意志を崩してくれたのが蔡焜燦さんだった。蔡さんから電話がかかってきたんですよ。

蔡さんは周に対して電話でこう言ったの。「つべこべ言っていないで、台湾に帰って来い」と。この蔡さんの一声に彼は素直に「はい」と答えたのよ。

陳水扁さんが台湾の総統選に当選した直後だったと思いますが、陳さんの当選が確定したときに周は、東京で喜びの涙を流していましたよ。

井上 蔡さんの一言で周先生はパスポートを取られたんですね。

金　そうなのよ。蔡さんからの電話の後、周はすぐにパスポートを申請したんですよ。結局、彼の場合、「降りる梯子」が必要だったのよ。そこに電話を通じて梯子を差し出したのが蔡さんでした。蔡さんの一言が効いたんです。周が絶対に嫌だと言っていた中華民国のパスポートを申請したのには、そういう経緯があったのよ。

台湾は立派な国家となった

井上　かつて私は、ご夫婦で台湾にお帰りになったときのお話を、お二人から伺ったことを覚えています。

金　夫婦で台湾に帰ったときに、黄昭堂さんと誰かが、「周英明さんが台湾に帰ってきた」ということで私たちの歓迎会を開いてくれたんです。それは、周英明・金美齢夫妻に対する「おかえりなさいパーティ」だったのよ。

井上　台湾の民主化によって、台湾独立運動を日本で行っていた台湾の方々もやっと帰国できるようになって、役目を終え『台湾青年』は休刊になったわけですね。

金　前に言ったように『台湾青年』は、２００２年に第５００号で打ち切りになりました。私も、「もうそろそろ卒業したほうがいいのではないですか」と進言していたんですよ。

そもそも『台湾青年』というのは独立運動のためにあった機関誌だから……。2002年の段階では実質的に台湾はもう独立した〝国家〟になっていたわけだから。今でも台湾が独立した国家だということは表向きには誰も言わない。けれども今や台湾人は、誰も「中華民国」という言い方をしなくなっています。みんな中華民国ではなく「台湾」と言ってますよ。

中国が何をどう騒ごうが、誰が何を言おうが、台湾は台湾なのよ。台湾では、民主的な選挙で国家の指導者である総統を選んでいる。つまり、民主主義の下で国民が自分の自由な意志でリーダーを選んでいるんですよ。

重ねて言いますが、もうすでに台湾は、立派な国家になっているんです。だからわざわざ「台湾独立」ということを言う必要がないんですよ。

井上　台湾は今、それこそ質量ともに立派な軍隊を持っているわけで、その台湾が国家でないとしたら、台湾軍は〝反政府武装集団〟になってしまいますからね。

金　軍隊を持っているのはもちろんのこと、台湾には自国独自の通貨も法律もあって、国民自身が選んだ政治のリーダーがいるんですよ。

井上 まったくその通りだ。もはや、台湾が1949年10月1日に建国した〝中華人民共和国の一部〟だなどという詭弁を本気で信じている人はいませんよね。誰がどう見ても台湾は立派な独立国家じゃないですか。

アンデルセン童話の「裸の王様」を地で行くような話で、世界各国はただ中国のご機嫌をとって「台湾は中国の一部」などと言っているだけで、本気でそんなまやかしを信じている人はいないと思います。

敵だったはずの国民党・李登輝に投票した理由

井上 司馬遼太郎氏は『台湾紀行』の中で李登輝元総統との対談もされていますね。

金 対談が掲載されているのは『台湾紀行』の最後のところですね。

井上 司馬さんは、日本国内はもとより世界中を歩いて、各地域の事柄を紀行文にしたのが『街道をゆく』のシリーズで、最初に『週刊朝日』に連載され、それが単行本化されていくわけですが、『台湾紀行』だけが政治論に踏み込んでおり、その点がたいへん興味深いですね。

金　李登輝さんは1996年3月に行われた初めての民主的な総統選挙に、台湾人でありながら国民党の候補者として出たんですよ。だから最初は李登輝さんとはどういう人かわからなかったので、私は司馬さんに「李登輝という人は本物ですか」と聞いたのよ。そうしたら司馬さんの答えは「本物です。命をかけています」だった。

井上　それで金先生は李登輝さんの応援をしようと思われたんですね？

金　そう。彼が本物なら、台湾に必要なのは李登輝さんだろうと思いましたよ。でもね、黄昭堂さんに「李さんに投票したい」と言ったら、「李登輝さんに投票するのはいいけれども、そういうことを皆に触れ回ったりするんじゃないよ」と釘を刺されたのよ。

ところがよせばいいのに、私は「李登輝さんを応援します」と公言しちゃったのよ。これが反発を招いた。台湾の若い人たちから「裏切り者だ」という手紙やハガキが来たんですよ。みんなから「裏切り者」だと、さんざん叩かれましたよ。

それはそうでしょう。国民党の一党独裁政権だったときに私は台湾独立運動を行っていて、それでブラックリストにも載せられたわけだし。そんな人間が突然、国民党の総統候補の李登輝さんを応援するなんて言い出したら、そりゃ「裏切り者」と思われてもおかしくないでしょう。

李登輝氏（左）と金美齢氏

井上　独立運動をする人々にとっては、国民党は敵ですからね。

金　いずれにしてもそういう経緯で、私は敵であるはずの李登輝さんを応援したというわけですよ。

井上　みんなからそう思われるのは明らかなのに、なぜ金先生は李登輝さんへの投票を公言したんですか。

金　公にする理由も非常に大事だったの。というのは、私が投票することによって、李登輝さんに対して「国民党のためではなく、台湾全体のために働いてもらいたい」ということを伝えることができるからですよ。そういう李登輝さんに対するメッセージも込めて公言したのよ。

井上　１９９６年の総統選挙では李さんは、54％という過半数を超える得票率で勝ちましたよね。

金　もともと私は李登輝さんには過半数の票を取って総統になってほしいと思っていました。というのも、過半数を取ったとなると、なおさら、国民のみなから選ばれた総統ということになる。そこで、彼は「国民党のためではなく、台湾全体のために働きます」と、明言できるようになるわけですよ。

だから私は、選挙の後で李登輝さんに会ったとき、「あなたに入れた国民党員の票は四十数％で、過半数にはなりません。だから、結果的に過半数を超えることにつながった残りの何％かは、国民党員ではない私たちが、あなたが台湾全体のために働くことを期待して与えた票ですよ」と、はっきり言ったんですよ。

井上　それは感動的な言葉ですね！　金先生はまさに台湾のためにそうおっしゃったんですよね。

金　だから、私に対して「裏切り者」と言った人たちよりも、李登輝さんを支持した私のほうが、視野が広かったと思っています。

誰も予想していなかった長期政権

井上 李登輝さんが1984年に蒋経国総統の副総統になったときは、ほとんどの日本人はその存在を意識していなかったと思います。ところが李登輝さんが総統に就任したあと、台湾で民主選挙が行われることになって、この新しい台湾人リーダーに注目が集まったと記憶しています。

黄昭堂先生にお声がけいただいて講師として招かれた2004年10月の「アジアの安全保障 現状と展望」国際シンポジウムの後、私は李登輝さんの私邸でお目にかかりました。そのとき、李登輝さんの世界観や国際情勢、そして日本と台湾の進むべき道などをお話しいただきましたが、その洞察力と分析力にいたく感銘を受けました。

金 そのような広い視野と洞察力を持つ政治家が国民党にもいたということですよ。

井上 しかし国民党一党独裁の時代にあっては、政治を志そうとすると、結局、国民党に入る以外に選択肢がなかったわけですよね。

二・二八事件で父親を国民党軍に殺されながらも国民党員になって政治改革に努めた許

国雄さんは、台湾人でありながら国民党員となった理由について、一言「虎穴に入らずんば虎子を得ず」ということでした。恐らく李登輝さんも同じお考えだったんじゃないかなと思います。

また、李登輝さんは、焦らずにじっくりと物事を動かしていくタイプの政治家だという印象を受けました。

金　私はせっかちだから、李登輝さんのようにじっくりと物事を進めることはなかなかできないのよ。今振り返ると、この人はもともとわかっていて、じっくりとやったのか、それとも、やっているうちに成長していったのか、さらには、最初から古狸だったのかという疑問が出てきますね（笑）。

それで、あれだけじっくりと物事を進めたんだと思うと、そのポストそのポストで、それにふさわしい成長を遂げていったと言えるんじゃないですか。

そもそも李登輝さんにはそういう潜在的な能力があったのではないでしょうか。つまり、台北市長になったときには台北市長らしく、台湾省の省長をやったときには省長にふさわしい政治をやれる。台湾の総統になれば、総統にふさわしい能力を示せるということですよ。

だから、李登輝さんは最初からそういう潜在的な能力があったのと同時に、その場その場で成長していったんだろうなと思っています。

井上　政治家は、能力が高く目立つと、逆に敵も増えますよね。

金　李登輝さんは自分の能力を目立たせないようにしたのでしょう。だから、蔣経国総統も「この男は、反旗を翻すようなことはないだろうから安全だ」と思ったんですよ。

李登輝さんの専門分野は農業経済で、蔣経国総統はそれを評価して彼を副総統に指名した。国民党の長老たちも「副総統ならいいだろう」と反対しなかった。ただしその指名には、アメリカから、政権には台湾人を起用するよう助言があったことも大きかったようですよ。

ところが、蔣経国総統が亡くなると、憲法に則って李登輝さんが副総統から総統に昇格した。このときも、「暫時のことだからいいか」と国民党の長老たちもまた一応納得したんですよ。その時点では、国民党の長老たちも、他の政治関係者たちも、結果的に李登輝政権があんな長期政権になるとは予想もしていなかったでしょう。

国策顧問就任の裏事情

金　さて、話はその後の陳水扁政権の時代に移ります。陳政権が始まって間もなく、産経新聞の紙面に台湾総統府の国策顧問として私の名前が報道されたんですよ。それを読んで、真面目な周は、「国策顧問なんて、産経新聞には間違ったことが書いてあるよ」と言うので、私は、「これは産経新聞のミスではなく、私たちがまだ知らないだけでしょう」と返したの。

それからしばらくして黄昭堂さんから電話がかかってきて、「あんたが国策顧問ということになった」と伝えられたんですよ。

台湾総統府には総統の相談役となる資政と国策顧問という役職があって、私は陳水扁政権のときに産経新聞が報じた通り、国策顧問を命じられたんです。陳水扁政権が私に報いるために用意した役職だった。

ところがね、国策顧問の前に実は、私を駐日台湾大使（台北駐日経済文化代表処の代表）にしようという話があったのよ。

井上　そうなんですか！

金　「駐日大使を金美齢にしよう」と言ったのが許文龍さんでした。でも、「それは無理です、あり得ないですよ」と私は断った。だって私はこれまで公然と台湾独立運動をやってきたわけだから、日本政府がアグレマン（承認）を出すはずがない。もし私を台湾の駐日大使として受け入れたら、日本政府は中国から何を言われるかわからなかったでしょう。でも私は断った代わりに「羅福全さんがいいと思いますよ」という対案を出した。それで本当に彼が駐日大使になったんですよ。実は、彼も独立運動に関わっていてこちら側の人間だったけれども、独立運動のことは公にしてないし、また彼は国連関係の仕事もしていたから日本政府は認めやすかった。

私は以上のことを全部、黄昭堂さんとやり取りしていたわけだけれど、周は優等生だから、政治にはウラがあるということを考えない人だった。

そして私は国策顧問になったわけですが、国策顧問にも有給と無給とがあって、最初は無給のほうだった。何年か経ったとき、黄さんが陳水扁さんに「金美齢さんは日本語学校の校長先生をしているが、ろくに給料をもらっていない。だから、有給にしてやってほしい」と言ってくださったので、有給になったのよ（笑）。

それは台湾の国会議員並みの給料だったけれども、私は給料をもらうべきではないと思って黄さんがトップだった台湾独立建国連盟に全部寄付することにしたんです。その後、国策顧問を辞めるにあたり、総統府から「退職金が出ることになりました」という電話がかかってきたので、退職金だけはいただいたんですよ。

ところが、退職金が出ることになったとき、私が国策顧問の給料をもらっていたことも公になった。そのためネットで、「金美齢さんが給料をもらっていたのはおかしい」という、私への批判が出てくるようになったんですよ。

そのとき不満だったのは、台湾独立建国連盟が「金さんは国策顧問の給料を残らず寄付してくれています」と言ってくれなかったことね。

もともと台湾独立建国連盟の人たちはストイックなので、ポストを求めようとしないし、自己宣伝もしようとはしない。でもこれはある意味、問題なんですよ。世の中に影響を与えようとすればある程度の肩書が必要なので、やはりポストは求めるべきでしょう。また、自己宣伝をしようとしないため、「私から給料の寄付があったことを公表しなければならない」という配慮もできなかったんですよね。

台湾のために尽した許文龍氏

井上　話は戻りますが、許文龍さんが金美齢先生を駐日台湾大使に推したんですね？

金　そうです。実業家である許文龍さんは、医療分野でも赤字になった病院を引き受けて黒字に転換させ、その地域で最も素晴らしい病院にするような優れた経営手腕を持つ人だった。

この人は本当に素晴らしい人でしたよ。病院の理事長としての給料ももらっているのに、それを全部プールしておいて、治療費を払えない患者がいたらその治療費に充てる。つまり、お金のない人の治療費を肩代わりしていたんですよ。

そのほか、友人のためにも使っています。実は私のためにも使ってくれたことがありましたよ。夫の周が亡くなったあとで、私は許文龍さんから「お願いだから、自分の病院に来て健康診断を受けてくれ」と言われました。それで私の健康診断の費用を全部、彼が持ってくれたこともあった。

井上　許文龍さんは台南市奇美文化基金会を設立して、将来の台湾のためにと世界中から一流の芸術品を集めて奇美博物館もつくられましたよね。

金　そう、奇美博物館には、世界の一流の美術品、楽器や骨とう品などが集められたんですよ。彼は私に「世界一だと言われるコレクションを台湾で実現させたい」と言ったことがありましたよ。

井上　だから、集められたのは世界の一流の物ばかりですからね。

オーギュスト・ロダンの彫刻、エル・グレコの絵画、数百年前の日本刀など。世界の一流の芸術品ならば、将来の台湾のために役に立ちますよね。国家の将来のために私財を投じるこんな実業家が今の日本にいるでしょうか。本当に尊敬します。

金　しかも入場料を取らないので、誰でもタダで入れる。それで許さんに、運営について聞いてみたら、「お土産を売ることで成り立たせている」という答えだった。

私には、そういう経営者としての発想は全くありませんから、許さんのような人の話を聞いていると、本当に感心しますよ。

井上　私もかつて許さんのご自宅でバイオリンの演奏を聞かせていただきました。そのときに弾いておられたバイオリンは、あのストラディバリウスの何千万円もするものでした。

金 彼は高いバイオリンを、「下手」でありながらも自分で弾いていたんですよ（笑）。

井上 それにしてもストラディバリウスで演奏される日本の唱歌や軍歌はそう簡単に聴けるものではありません。たいへん貴重な経験でした（笑）。

第4章

安倍晋三元首相との交流

最後に決めるのは洞察力

井上 金美齢先生の優れた洞察力に私はいたく敬服しております。それを特に感じたのは故・安倍晋三元首相の再登板についてでした。安倍さんは2006年9月から2007年9月まで、一期目の政権を担いました。その政権が終わったとき、それまで応援していた人までもが安倍さんを叩きましたが、金先生は「あれだけ応援した人が、手のひら返しして叩きだすのは卑怯だ！」と批判し、「私は期待し応援し続ける！」と言って、安倍さんを一貫して支援し続けられましたよね。

金先生は、安倍さんが首相として復活することを見抜いておられましたよね。

金 安倍さんとは、彼がずいぶん若い時分からの知り合いでしたから、どういう人なのかよくわかっていましたよ。彼は復活すると確信していたんです。

それにしても、安倍さんが一期目の首相を辞めたら、「1年で政権を投げ出した」などと攻撃する人が多かったのには呆れました。

井上 あのときは安倍さんと方向性が同じ保守言論人も安倍さんを批判しましたね。そ

安倍晋三元首相と金氏

れに対し、「今まで応援していたのに、平気で手のひらを返す。この軽薄さは何だ」と金先生は怒っておられた。人が弱っているときに応援しないどころか、あれやこれやと重箱の隅をつついて手のひらを返すような人は、その政治信条が問われますよね。

金　安倍さんが大変なときにこそ支えるべきだと思って、ずっと支えてきたんですよ。

井上　その思いは私もまったく同じでした。金先生はどんなことがあっても、ブレずに応援し続ける姿勢は素晴らしかったですよ。

実際その予想通り、安倍さんは首相として復活し、２０１２年12月に二度目の安倍政権が誕生しました。

金　安倍さんの復活を最も象徴したのが日

経平均株価でしょう。民主党政権のときは７８００円だったのに、安倍さんが首相に返り咲いた後、どんどん上がっていった。

だから私は、「なぜ７８００円のとき、株を買っておかなかったのか」と後悔しているくらいよ。私は経済はよくわからないけれど、まさかこんなに株価が上がるとは思わなかった。

井上　さらに金先生は、他にもいろいろな場面で洞察力を働かされている。

金　一つの例を出しましょう。あるとき私が台湾に帰って黄昭堂さんに「一緒にご飯を食べましょう」と誘ったら、黄昭堂さんから「あんたと一緒にご飯を食べるのは時間の無駄だ」と言われたんです。でもそれでピンときた。

というのは、黄昭堂さんは「金美齢は、放っておいてもどうせ付いてくるのだから、それなら自分の忙しい時間を別の人間のために使ったほうがいい」と考えたと思ったんです。つまり彼は私を信用してくれている、ということだったということなんですよ。

井上　普通は、「一緒にご飯を食べる時間はない」なんて言われると、相手にされていない、自分は会う価値のない存在なのだろうかと、不安に思いますよ。しかし金先生は違う。相手の反応の深読みがすごいと思いますよ。まさに洞察力ですね。

金　人間というのは想像力や読解力などいろいろな力があるけれど、洞察力、簡単に言えば本質を見抜く力はとても大切だと思いますよ。

安倍晋三応援のために

井上　金先生は安倍晋三元首相を応援するために、政治献金もされてきたんですよね。

金　個人ができる政治献金というのは年間150万円まで。私は毎年、安倍さんにルール上最高額の150万円を献金してきましたよ。

それである日、『朝日新聞』の記者から取材の電話がかかってきたの。5万円以上の政治献金をした個人の氏名は公開されているので、記者から「調べてみたところ、あなたの政治献金の150万円は、作曲家のすぎやまこういちさんご夫婦の200万円に次いで多くなっています。それほどの金額を安倍さんに献金している理由を教えていただけますか」と聞かれたんですよ。

井上　すぎやまこういちさんはご夫妻で200万円だから、1人分では先生の献金がいちばん多くなりますね。記者には何と答えられたのですか。

金　そこは言葉の使い方ですよ。日本では政治家への献金は、日本国籍のある人でないと認められていません。だから私も２００９年に日本国籍を取得してから、安倍さんに献金ができるようになったんです。そういえば、在日外国人から献金を受けていた国会議員もいたと記憶していますが。私の場合は、日本人だから問題はなかった。だからといって、記者に「日本の国籍を取ったから献金ができるようになりました」と答えたのでは、面白くもおかしくもない。

だから私はまず、「自民党が野党に転落したからです」と答えたんですよ。当時の自民党は民主党に政権を譲って野党に転落していましたから。

井上　安倍さんが言った「悪夢のような民主党政権」の時代ですね。悪夢は3年3か月続きましたからね。

金　そうですよ。私は続けて記者に「野党に転落したときこそ支える人がいりますし、安倍さんは日本にとって絶対に大切な人です」と言ったんですよ。

ただしそれで終わりではなく、「私の言ったことをそちらで勝手に作文したら、訴えますからね」と追い打ちをかけることも忘れなかった。相手が『朝日新聞』だけに釘を刺しておかないとどう捻じ曲げられるかわからない。結局、『朝日新聞』は私の言った通りに書きましたよ。

井上　怖気づかないで堂々と受けて立つ。それがまさに金先生の金先生たる所以なんですよね。

要人が集った金美齢邸パーティ

井上　金美齢先生はかつて東京・新宿御苑のご自宅のマンションに著名人や要人を招いてパーティを開いておられました。そのとき私はいわゆる〝フロアマネージャー〟を務めておりました（笑）。

金　そうだったね！　新宿御苑を見下ろす当時のわが家がパーティ会場で、本当に多くの要人が顔を出してくれたのを思い出しますよ。

井上　パーティは基本的には桜の季節と神宮の花火大会のときの2回でしたね。

金　お寿司屋さんに来てもらって自宅に寿司カウンターを設け、台湾料理の腕利きの料理人にも来てもらって台湾料理も振舞った。そんなスペースで美味しい食事に舌鼓を打ちながらお酒を飲んで、あれこれと政治談議に花を咲かせたことが懐かしいね。

井上　本当になつかしいです。安倍晋三さんは小泉政権の官房副長官時代から参加されていましたよね。私も初めて安倍さんにお目にかかったのは金美齢邸ホームパーティでした。

そのとき安倍さんとごく短い時間でしたが、南西諸島の防衛の話をした記憶があります。安倍さんは、政治家のよくある形式的な応対ではなく、私のような若造の話にもしっかりと耳を傾けてくださったことが今でも忘れられません。

金　首相が来たら、新聞の「首相の動向」の欄にわが家のパーティに来たことも載りましたよ。

井上　このパーティには小泉純一郎さん、安倍晋三さんなど歴代首相をはじめ多くの有力政治家も来られました。それにもうお亡くなりになった中川昭一さんや鳩山邦夫さんもおいでになっていましたよね。

金　私はパーティのときには部屋でお客さんを接待しなければならないから、どれくらいの数のSPが来たのかはわかりませんが、首相が来る場合だと、前日からSPがマンションの様子を見に来ましたよ。

井上　パーティでは国際情勢や国内政治に関する意見交換や議論が交わされていて、若造だった私は、その景色を見るのが楽しくて仕方ありませんでした。

安倍晋三と李登輝の出会い

井上　安倍晋三さんと李登輝さんは親しかったようですが、ご両人をつないだのは他でもない金美齢先生だったんですよね。

金　そうなんですよ。

自民党が野党に転落していたとき、東京と台北のそれぞれ中心部に近いところにある、羽田空港と松山空港が直行便で結ばれるというので、安倍さんが台湾の式典に呼ばれたんですよ。でも、野党時代だったから、台湾の政治家や役人たち、さらには式典を主催した人たちはみんな、安倍さんに冷たかったし、式典が終わったら安倍さんはアンバサダーホテルに送り届けられて、そのまま放っておかれた。

しかしここで、安倍さんの機転の良さと言うか、判断の良さが発揮されたんですよ。安倍さんが私に「李登輝さんに会いたいんですが、どうにかならないでしょうか」という電話をかけてきたんですよ。私に電話をするということの判断は非常に正しかった。

私は「わかりました。何とか方法を考えてみるので、１時間後に電話をください」と返事して、それで台湾独立建国連盟主席の黄昭堂さんに電話したんですよ。

井上　黄昭堂さんは当時、日本の昭和大学の名誉教授でもいらっしゃいましたから、日本にいらっしゃったんですか。

金　その時は台北にいたのよ。それで黄昭堂さんに事情を話したら彼はこう言ったの。「いや実は僕は李登輝さんのプライベートの電話番号を教えてもらっているんだけども、今まで一度もかけたことないんだよ。用もなく電話するという習慣が全然ないから」と。つまり彼は李登輝さんの電話番号を知っているのに、直接電話するのを遠慮してきたわけですよ。

それを聞いて私は、頭に血が上って思わず、「あなた、今電話をかけないで、いつかけるつもりなんですか！」と怒鳴ってしまった。それで黄昭堂さんはハッとして、李登輝さんに電話をかけてくれたんですよ。

井上　さすがの黄昭堂さんも金先生の気迫に背中を押されたって感じですかね。

金　実はね、これまた偶然なんだけれど、李登輝さんも安倍晋三さんに会いたいと思っていたんですよ。

ところが、台湾側の人たちは、李登輝さんには「安倍さんはスケジュールがいっぱいで、時間が取れません」と言い、安倍さんには「李さんは体調が悪いので、人に会えないんですよ」と言っていたようだったの。要するに、みんなが二人を会わせないよう、適当に誤魔化していたんですよ。だから安倍さんは誰にお願いしても李登輝さんに会えなかったと思います。だから安倍さんが私に電話してきたのは正解だったのよ。私が二人をつなぐ役割を担ったんですよ。

黄昭堂さんの李登輝さんへの電話で話が一気に進んで、私が二人の面会をセッティングしたの。それで黄昭堂さんがタクシーでアンバサダーホテルへ安倍さんを迎えに行って、李登輝さんの自宅に送り届けたんですよ。こうして二人の劇的な会見がかなって、翌日の台湾の新聞には、二人が面会したという記事が載ったんです。

井上　これってすごい話ですよね。でその時お二人が面会されて、何か政治上の具体的な話はあったんでしょうか。

金　あの頃は台湾人が尖閣諸島あたりに漁船を出して魚を獲りに行っていたから、たぶん日台間の漁業問題の話が出たんだろうと思いますよ。

井上　それはお聞きになったんですか？

金　ちがうのよ、思い当たるフシがあったのよ。

安倍さんが首相に復帰した後、わが家のパーティに安倍さんを主賓として招いたとき、彼は玄関から入って第一声が、「今日、日台間の漁業協定にサインをしてきました」だったの。つまりその第一声が私に対する報告で、私がセッティングした二人の面会で安倍さんが李登輝さんと交わした約束を実現した、ということだったと思うんですよ。

井上　以前、台湾の漁船が尖閣諸島周辺に出て来ると、「ほら見たことか。台湾も中国と一緒じゃないか！」と言う輩もいました。

けれども、安倍さんが日台間の漁業問題を解決されてからは、それ以降、尖閣諸島周辺では台湾の漁船の問題は全くなくなってしまいましたよね。日本と台湾の間の漁業問題が解決できたのは、安倍さんと李登輝さんとの関係が構築されたからなんでしょうね。

私は、これからの日台両国の友好関係を頼清徳総統がさらに前進させてくれると信じています。今、安倍さんがこの世にあらば、総統就任の祝電を打って、頼さんに会うために台湾に飛んで行かれたでしょうね。

安倍首相の復活

井上　安倍さんが首相になったときは、自民党総裁の任期は党則で一期3年で連続二期までと決まっていました。

金　安倍さんが一期目の首相だったとき、台湾の総統の任期が一期4年で二期8年までということを念頭に私が「自民党総裁の任期は最低でも8年にすべきですよ」と提案したら、安倍さんは「いや、自民党総裁は一期3年で連続二期までしかできないんですよ」と言ったんです。それで私は、安倍さんも二期6年は総裁をやりたいんだろうなと思ったの。

井上　その安倍さんは、健康上の理由で首相を辞任して総裁も辞任されたことは本当に残念でした。

金　それでも私は、前も言ったように安倍さんの首相返り咲きを確信していたんですよ。で、返り咲いたらできるだけ長く首相を務めてほしい。それを前提に、いずれにしても自民党総裁の任期は一期3年で連続二期まではなく、さらに規定の任期を延ばしてほしいと考えていたのよ。

井上 安倍さんが再び首相に返り咲くのを見越してのことですね。

金 だから私は、安倍さんが一期目の首相を辞めた後、まだ自民党が野党だったとき、わが家のパーティで総裁任期の延長を提案したんですよ。

わが家のパーティでは私は接待側なので、普通は余計なことは何も言わないようにしていたんだけれど、あのときのパーティは例外だった。私はリビングの真ん中のテーブルに座って、自分の考えを話そうとしたとき、安倍さんが敏感にそれを察して、「みんな静かに。これから金美齢先生がお話しになります」と司会をしてくれたんですよ。

それで私はこう話しました。

「一期3年で連続二期までという自民党総裁の任期は自民党の規定であって憲法の規定ではないから、自民党の内部で変えられます。規定を変える場合、まずアンダーテーブルで話し合い、方針が8割方決まったときにオン・ザ・テーブルで話し合って規定の変更を行うべきです。もちろん総裁任期は延長していただきたい」

同じことを自民党の政治家たちもすでに考えていたのですが、誰も言い出さなかった。政治の世界は複雑なので総裁任期に関するようなことは、誰が言っても反発が出る。当然、総裁を目指している本人はそんなことを言えない。しかし私なら自民党の政治家ではないので言える。

だから私はパーティに来ている自民党の政治家たちを前にして、総裁任期の延長を求めたんですよ。

井上　結局、安倍さんが首相に返り咲いた後の2017年に、自民党総裁の任期は一期3年、連続三期まで延びましたね。パーティでの金先生の提案も、それを実現する大きな力になったはずです。

世界に大きな影響力を持った日本の首相

井上　2012年末に安倍晋三さんは首相に返り咲きました。注目を集めたのは積極的な外交で、なかでもアメリカ大統領となったドナルド・トランプさんとの関係を深めたことが大きな成果の一つでしたね。

金　トランプさんと親しいことで、安倍さんはEUをはじめ世界中の国々の政治指導者から、一目置かれるようになったと思いますよ。

井上　安倍さんがトランプさんと親しくなるきっかけは、2016年11月8日にトランプさんが大統領選に勝ってから9日後の11月17日（日本時間18日）に安倍首相がニューヨークに飛んでトランプさんと会ったことでしたね。場所はトランプさんが住んでいたトランプタワーで、安倍首相はどの国の首脳よりも早くトランプさんと会談したわけですよね。これはトランプ大統領にとっても非常に印象深かったと思います。

会談は通訳だけを介して1時間半にわたって行われ、会談後、安倍首相は記者団に対して、「2人の都合のいいときに再び会って、より深く話をしようということで一致しました。トランプ次期大統領はまさに信頼できる指導者だと確信しました」と述べました。トランプさんも自らのフェイスブックに安倍首相とのツーショット写真を掲載し、「安倍首相にわが家に立ち寄ってもらい、素晴らしい友好関係を始められたのは喜ばしい」という感想を記しています。

金　実はその会談の前日に、安倍さんはわが家で開くパーティに主賓として参加することになっていたんですよ。

井上　え、そうだったんですか！

金　予定していたパーティーの翌日に安倍さんとトランプさんがニューヨークで会うことになったから、私はてっきり安倍さんはパーティをキャンセルすると思ってましたよ。

あにはからんや、当日、キャンセルしないで安倍さんが現れたんですよ。

驚いた私は、安倍さんに「トランプさんとアポを取っているんですよね。アメリカの次期大統領に会いに行かないで、こんなところに来ていいんですか」と聞いたの。ところが実は、「こんなところで遊んで」と言いそうだったけれど（笑）。

すると安倍さんは笑いながら、「いや、いいんですよ。アメリカは日付が1日遅れだから、日本から行くと1日ゲインできるんです。ここに来ても、スケジュール上は全然問題ありません。十分に間に合いますから」と答えたんですよ。

私は、余裕がある態度だなと感服し、この人はずいぶん成長したと思いましたね。

井上　大統領在任中のトランプさんと首相在任中の安倍さんとは、4年間に10回の対面での首脳会談と30回の電話会談を行い、しかも一緒に4回のゴルフを楽しんだそうですね。こうした緊密な関係が築けたからこそ、日米同盟は強化されたと思います。

2018年あたりにはトランプさんとEUの間でいざこざがありました。また、2018年6月のG7首脳サミットでも、トランプさんとヨーロッパの首脳たちとの意見が対立して首脳宣言が出せないかもしれないという事態に陥りました。その時、トランプさんから頼りにされていた安倍さんが両者の裁定役を買って出て、このG7サミットでの首脳宣言が採択できたわけですよね。

金　日本の歴代の首相で安倍さんほど、欧米の首脳への影響力を持った首相はいなかったと思いますよ。

想像もできなかった安倍暗殺

井上　安倍晋三さんは2020年9月に二期目の首相を辞任されました。

金　辞任後に私は安倍さんに会って、「私が人生の幕を下ろすときは第三期安倍政権であってほしい。それで、現役の総理大臣からのお別れの言葉がなければ、私は葬式をやりません」と言ったんですよ。

安倍さんは複雑な顔をしていました。「ノー」と言ったら私の頼みを断ることになるし、「イエス」と言ったら私の死が前提となる。こんなことを言えるくらい、私は安倍さんと深いご縁があったんですよ。

井上　そして金先生は安倍さんを台湾にお誘いになった。

金　そうなのよ。安倍さんは首相を辞めて時間ができたので、ちょっと動けるようになった。また、安倍さんは2021年12月に日米台のシンクタンクが台湾で共催したシンポジウムに日本からオンラインで参加して、「台湾有事は日本有事であり、日米同盟の有事でもある。この点の認識を習近平国家主席は、断じて見誤るべきではない」と発言したじゃないですか。

それで私は第三期安倍政権が始まる前にぜひ一度台湾に行ってほしかったので、その相談のために、彼をわが家に招いて一対一で話をしたんです。

安倍さんは「台湾は絶対に日本の味方だし、ずっとそういう関係でなくてはいけないから」と言ってくれたのよ。そこで私は「だからこそ、第三期安倍政権がスタートする前に台湾に行くべきですよ」と勧めたんですよ。

二人の結論は、もちろん台湾に行く。そのときに身近な人だけにするか、拡大してチャーター機で大勢を連れていくかなどについては安倍さんが決めて、私がそのための雑用を引き受けることになったわけです。

ところが、安倍さんが暗殺されるなんて……。ショックで言葉を失い悲しみのどん底に叩き落とされましたよ。

井上 予定では金先生と安倍さんが台湾に行かれるのは、2022年7月末でしたね。

安倍元首相の銅像

ところが理不尽なことに、その月の8日に安倍さんは暗殺されてしまいました。

金　私もそれだけは全く予想できなかった。私の脚本はいろいろあって、実はそれまで全部脚本通りに進行してきたので、当然、第三期の安倍政権ができると思っていましたよ。しかし世の中、本当に想像もつかないようなことが起こる怖さがある。

井上　安倍さんの銅像はまだ日本のどこにも建っていませんが、安倍さんが亡くなって2か月後には高雄の紅毛港保安堂の敷地に建立されました。私もこれまでに二度お参りにいきましたが、台湾人はもとより多くの日本人が献花にやってきており、安倍さんの偉大さをあらためて認識させられました。

金　あの安倍晋三像は台湾人有志の寄付で建立されたもので、ちょうど一周忌を終えた2023年7月に昭恵夫人が訪問されるというので、私も付いて行ったんですよ。

井上　しかもこの像の横には安倍さんの揮毫「加油台湾」（頑張れ台湾）が刻まれた大きな石碑も建立されており、台中で大地震があったときの安倍さんの台湾への真心が読み取れますよね。

この廟の管理者によると、安倍晋三像に手を合わせにやってくる人は非常に多く、しかもこの像を守るために地元警察が常時パトロールしてくれているとのことでした。本当にありがたいことです。

この安倍晋三像のある紅毛港保安堂は、いわば日台友好の聖地になった感があります。

第5章

金美齢はこう考える

金美齢の教え

井上　ここまでのお話で、金先生が日台友好に極めて大きな貢献をされてきたことが、読者の皆さんにおわかりいただけたかと思います。

　ここからは、私の生き方に大きな影響を与えた金美齢先生の言葉や指南など、金先生から学んだことについて話したいと思います。

金　そんな大それたことになってたの？（笑）

井上　私が最初に金先生宅を訪ねたとき、その日に早速台湾風のしゃぶしゃぶをご馳走になりました。とても美味しい料理でした。

　そのとき金先生が私の嗜好をすでにご存知でいらっしゃったことに、とても驚いたんです。というのは最初に、「あなたはビールがお好きよね」とビールを出してくださった。

　そこで私が「なぜビールを好きなのをご存知なのですか」と聞くと、「あなたの書いている雑誌の記事などには、よくビールを飲む話が出てくるじゃないですか」とのことでした。

金先生は私と会う前に、私がどういう人間かを知ろうとして、拙文をいくつも読んでくださっていたんですよね。ただ、ビールの話が書いてあると言っても、1つや2つの記事だけでは必ずしもそういうシーンに出くわすとは限らなかったので、それなりの量の記事を読んでくださっていたわけですよね。

金　そうだったね。お会いする人のことを予め知っておくことは大切なことで、だからあなたの記事をいくつか読んで予習しておいたのよ。たしか、そのとき出てきた記述からビール好きだということがわかって準備しておいたんじゃなかったかな。

井上　あの日、ちょうどマンションのエレベーターで半ダースのビールを抱えた酒屋さんと一緒になったんですよ。するとその酒屋さんは金美齢先生の部屋に。そしてそのビールが食事の時に出てきたわけです。ビールの美味さより金美齢先生のお心遣いが最高に美味しかったです。相手を知ることと心配りの大切さを、初日から学ばせていただきました。

金　あなた、よくそんな細かいとこまで覚えてるわね（笑）。

井上　〝弟子〟入り前ですから緊張もひとしおでしたよ（笑）。その後、金先生からいろいろなことを学ばせていただきました。

こんなこともありました。それからしばらくして台湾に関する私の記事が、ある雑誌に掲載されたことを喜んで金先生に報告したら、叱られたんですよ。私は金先生の予想外の反応に戸惑いました。当然褒めてもらえるものと思っていたんですが、逆だったんです。

そのとき金先生は、「こんな雑誌に書いてどうするの！」と一喝されたんですよ。その理由は、「こんな二流の雑誌に書いたら、この男は依頼すればどこにもホイホイ書いてくれる安っぽい書き手かと思われるでしょ！　そうしたら、物書きとしての格が落ちるのよ。これからは一流の雑誌に書きなさい！」ということでした。この言葉は示唆に富んだものので、いたく感動したのを覚えています。

金　そうなのよ。安っぽい雑誌なんかに書くと、たとえいい内容であっても他社の編集者からこの著者はそういうレベルの人だ、とみられてしまう恐れがあるんですよ。逆に一流の雑誌に記事が掲載されると、この著者の格が上がって、「そういうレベルの人だからウチの雑誌でも書いてもらおうか」となるんですよ。もちろんいろんな見方があるけれど、世の中の評価というのはだいたいそういうものよ。

あなたは原稿を書くのが好きだし読者も多い。どんなオファーが来ても、嬉しいから書いてしまうでしょう。だから私はそう言ったのよ。

井上　あのときの言葉はありがたく、たいへん良い教訓になりました。自分自身のステータスというものをきちんと守ってゆくためには、やはり仕事も取捨選択しなければならない、ということを金先生から教わったわけですから。

それにもっとすごかったのは、金先生のご自宅のパーティに来た一流雑誌の編集者たちに、「彼、井上和彦という新進気鋭のジャーナリストで、いま私が売り出そうと思っているの。よろしくね！」と紹介してくださったことで、その一流誌から早速お声がけがありました。

やっぱり金先生に「よろしくね！」と言われたら、そりゃ動かざるを得ませんもの。〝虎の威〟をお借りしたことで、現在の井上和彦があります。その節は誠にありがとうございました（笑）。

金　でもね、それはあなたの実力よ。一流雑誌に書けるかどうかは、後はあなたの実力次第ですから。でも良かったね、私も嬉しいわよ。

井上　そして前にも話しましたが、その私が書いた雑誌記事などを周英明先生が読んでくださっていて、私がご自宅に伺うと、いつも周先生が満面の笑みを浮かべて褒めてくださったんですよ。しかもこと細かく講評いただいたことは本当に勉強になり、またたいへん励みになったんです。

繰り返しになりますが、〝金美齢先生には叱られ、ご主人の周英明先生には褒められる〟―実は私には二人の師匠がいたんです（笑）。

先生はもう1つ、「貧すれば鈍す」と言われました。やはり経済面において生活がきちんと成り立っていれば、自分の言説を変えないで済む。現実には、生活のために自分の言説を変えていった人たちもたくさんいましたからね。

金　確かにそんなことを言った覚えはあるわね。それにしてもよく覚えてるわね（笑）。

井上　とにかく金先生の大局観と洞察力は絶対に間違っていなかった。私は親の言うことより、金先生のおっしゃることは必ずその通りに従ってきました感があります。その結果、今の自分があるわけです。あらためて感謝申し上げます。

半分は生まれたときからすでに決まっている人間の運命

井上　また私は、〝運命〟について考えるきっかけを金先生に教わりました。

戦時中、台北などいくつかの台湾の主要都市が米軍に空襲されていますが、金先生も台北で空襲に遭遇されたんですよね。

金　そうなんですよ。ただ、ずっと台北にいたわけではなく、わが家は、台北から北東へとちょっと行ったところに疎開していた。たまたま、そこから食料の調達のために台北へと戻ってきたときに空襲に出くわしたんですよ。

井上　その空襲のとき、金先生は2つの防空壕のうち、どちらに入るかという判断に迫られ、そのとっさの判断で運命が決まったという話をしてくださいました。片方の防空壕は焼夷弾の直撃を食らって、そこにいた人たちはみんな亡くなってしまいましたが、金先生はもう一方の防空壕に逃げこんだので助かったと。

金　まさに私にとって生死を分ける決断でしたね。

井上　本当に金先生は昔から運が強かったんですね。つくづくそう思います。

金　その運命についてだけれども、私はいつも、「人間というのは運命を半分背負ってこの世に出てくる」と言ってます。両親のDNAを継ぐわけなので、絶対に自分の責任ではない「持って生まれた運命」というものがある。それを表現する英語の諺に"It's written on the wall"というのがあって、「運命というのは、生まれたときに自分の壁に書かれている」という意味なの。

私はそれを信じてるんです。つまり、こういうふうに生まれてきたのは、半分は自分の責任ではないけれども、残りの半分は自分の責任なの。言い換えれば、半分はDNAで決まっているけど、残りの半分は、生まれた後の自分の生き方によって決まっていく。私はそう思っているの。

井上 なるほど、たしかにそうですね。

金 自分の運命にあらがって変えようとする人がいる。半分はさっきの"It's written on the wall"で、どうにもならないこともあるけれど、しかし努力や生き方によって運命を変えることもできるからね。

ポピュリズムに流されるな

井上 金先生は、政治に対しても直球勝負でズバリ論評されてきました。あの胸のすくような言葉に溜飲を下げる人が多いんですよね。

金 私は、変化球を投げられないのよ（笑）。

井上 こんな話を覚えています。かつて小泉政権の頃、外務大臣だった田中眞紀子さんが中国を訪問した際、自分が泊まるホテルの部屋代が高いとして、もっと安い部屋でよいと申し出られたことがありましたよね。

もっとも、日本国民の中には、このいわゆる〝庶民感覚〟を高く評価する声も多かったのですが、金先生はそれをピシャリと厳しく批判されたことがありましたよね。

金　そうだったね。そもそも世界トップクラスの経済大国である日本の外務大臣が宿泊するには、それなりの部屋に泊まる必要があるんですよ。外務大臣が外交を行うために他国を訪問するにあたっては、使うべきところにしっかりお金を使えば良いんですよ。

井上　たしかにそうですよね。日本国の外務大臣だったら相応のホテルに泊まればよい。

金　お金を使わなくてもいいところに使うのはムダ遣いだけれども、外務大臣といった立場の人はお金を使うべきところには使うものなんですよ。

井上　金先生は決してポピュリズムに流されない。ここにもブレない信念があり、だから政治への論評が的確なんだと思います。私はこの政治を見る目を学ばせていただきました。政治は、ポピュリズムに流されないことが大切ですよね。

金　田中眞紀子さんが外務大臣になったときにも、日本人の８割方が拍手喝采しました。とにかく多くの人が彼女を支持していた。その頃私は、女性向けの報道番組に出演していたんですよ。その番組の視聴者は主婦層が多かったと思います。私はその番組で「眞紀子さんを外務大臣にするというのは、完全なミスキャストです」と断言したのよ。あのとき、テレビでそんなことを言ったのは私だけでしたね。

井上　テレビのコメンテーターとして、いつまでも重宝されたいがために、迎合する言論人も少なくありません。ところが金美齢先生はそうではなかった。空気に流されることなく、大衆におもねることなく直言されるからすごいし、多くの人の賛同を得てきたんだと思います。

金　私はね、テレビに出演したいがためではなく、自分の信念や考え方をきちんと伝えたいがために、テレビに出演していたんですよ。

信念を貫き通すこと

井上　そして、私が金先生から教わったなかで、「天の時、地の利、人の和」という言葉はいまや私の人生訓となっております。

もとは孟子の言葉で、「チャンスに恵まれても地の利を活かした戦略には叶わず、その地の利を活かした戦略も人の団結には叶わない」ということになるわけですが、ということから、なによりも人を大事にして人脈を広げてゆくことが成功の鍵となる、と考えるようにしています。もっとも最近では、自分流に「チャンスと地の利と人の和が重なれば万事うまくいく」と勝手に拡大解釈しております（笑）。

また金先生に最初に書いてもらった言葉が「我戦うゆえに我あり」で、まさに金美齢先生を最も言い表した言葉だと思いますが、これにも大きな影響を受けました。

何事にも堂々と戦う気概を持って取り組む。金先生は、いつも「覚悟」が大事だと言っておられますが、まさにこれですよね。私は常にこの言葉を肝に銘じて万事に臨んでいます。

加えて、先に述べたように、周先生から褒められてさらにやる気が出てきた経験から、人の褒め方を教わったことも忘れてはなりませんね。

金　でも周は、他人をやる気にさせることを意図して、褒めていたわけではありません。繰り返しになりますが、もともと「神か仏か周さんか」という人なんですよ。私は「鬼か悪魔か金さんか」だから（笑）。

井上　そういえば金先生は、『金美齢の私は鬼かあちゃん』という本も出されましたね。

金　夫の周は、本当にいい人だけれども、反面、先にわが家の娘のコメントを紹介したように、「パパは世間知らず」なの。世の中には現実というものがあって、神様だけではやっていけませんよ。その現実を支えるのが私だったから、私たち夫婦のバランスのよさというのは、そこにあったんですよ。

井上　本当に素晴らしいご夫婦だと思っております。

さらに周先生について言えば、お孫さんがまだ幼いときのことでしたが、周先生の膝の上に乗って、おじいちゃんの顔をさわったりしているわけです。周先生は目を細めて満面の笑みで接しておられました。

すると娘さんが周先生に、「パパ、子供は5歳までに十分に親孝行したことになるのよね」と言われたんです。つまり、子供は可愛い盛りのとき、それそのものが親孝行だと。

このとき、娘さんに対して「そうだよね」と返事をされた周先生の、あの優しい言葉と優しい目に感動して涙がこみ上げてきたことを覚えています。本当に神様のような方で、私への褒め方もそうですが、学ぶことが多かったと思っています。

金　わが夫ながら、周は本当に立派な人でした。

井上　周英明先生は本当に優しい人でしたが、誰よりも信念を貫く人でしたね。だからなおのことご夫妻から「信念を貫く」という生き方を学ばせていただきました。

タイミングを見る目

井上 先に少し触れましたが、これまで金先生はテレビ番組のコメンテーターとしても大活躍され人気を博してこられました。

金 テレビ番組のコメンテーターになったきっかけは、わが娘です。彼女はＴＢＳで朝の情報番組のディレクターなどをやってたの。その頃に、彼女が上司を連れて、わが家にご飯を食べに来たんですよ。

その上司から私のコメントが面白いと言われ、その上司のお声がけでテレビにコメンテーターとして出るようになったんです。でもわが娘からは、「ママは何を言い出すかわからないから、テレビの生番組では怖くて使えない」と言われてましたよ（笑）。

テレビでは私はだいたい〝辛口の白髪のおばあさん〟と見られているようで、たしかにずっと辛口で通してきたし、白髪も一度も染めたことはないの。

井上 政治や外交などの時事問題を取り上げる読売テレビの超人気番組『たかじんのそこまで言って委員会』（現在の『そこまで言って委員会ＮＰ』）で、私は何度も金先生と一緒に出演しました。
ある収録のとき、私が得意満面で安全保障問題を解説していると、突然、金先生が「和彦！ あなたいつからそんなにペラペラとしゃべるようになったの？」と言われ、観客は大爆笑というシーンがありましたね。

金 和彦がすっかり有名なコメンテーターになって饒舌にしゃべっているから、つい口から出てしまったのよ（笑）。で、この突然の発言で他の出演者も番組制作スタッフも大うけでスタジオの雰囲気が一変したんだよね。
でもテレビというのは、サプライズの場面が必要なのよ。予定調和ではなく、突然、雰囲気が一変したほうが間違いなく番組としては面白い！

井上 いやあの突然のツッコミはタイミングが絶妙で、本当に面白かったです（笑）。

金 それで和彦が、「金美齢先生は私の師匠なんですよ」と言ったんで、また大うけ。テレビ番組というのは見せ場が必要なのよ。そうでないと面白くないじゃない。

井上 テレビ番組は、予定調和ではないほうが面白いというわけですよね。
金先生とご一緒してきた『たかじんのそこまで言って委員会』では、いまでも記憶に残る印象深い場面がありました。

この番組の司会者だった「やしきたかじん」さんが、病気で入院のためしばらく番組から離れておられました。そして治療を終えてようやく番組復帰となり、たかじんさんを、当時のレギュラー出演者が総出で迎えましたよね。

そのとき、スタジオに姿を現したたかじんさんに、金先生が立ち上がって突然ハグされたんですよね。このとき感極まって涙が溢れてきたんですが、あのシーンを観た視聴者も同じ気持ちだったと思います。

金先生のハグは、出演者や番組スタッフのみならず、視聴者の皆さんの気持ちの代弁者でした。そうした皆の気持ちを代表して伝えることのできる表現者としての金美齢先生に感動し、あらためて敬意を表しましたよ。

金　あのときも、つい嬉しくて、ハグをしてしまったのよ。

井上　それで周りの出演者やスタッフも、金先生のたかじんさんへの熱い思いを感じたでしょうし、「たかじん復帰」が印象深く視聴者にも伝わったと思います。

第6章　日本を誇れ

日本に生まれただけで幸せなのに

金　複雑な歴史を歩んできた台湾人が、自分を台湾人と思うか、中国人だと思うか、あるいは台湾人でもあり中国人でもあると思うか、それは血統ではなく個人のアイデンティティの問題なんですよ。

ところが日本人は生まれたときから日本人だから、そんな問題で悩んだことがないでしょう。だから、呑気に日本の悪口を言えるんですよ。それどころか、無条件に日本国の恩恵を受けていながら、日本の悪口を言うことを仕事にしている人もいるじゃない。

アンケート調査をすると、「将来に希望が持てない」と答える人は、世界で日本人がいちばん多い。でも日本は、世界で最も安全に暮らしていける社会だし、総合点で世界一の国だと言えるでしょう。幸せで豊かな暮らしが当たり前になりすぎて、そのありがたさがわからなくなっているんでしょうね。

井上　私もかつて商社マン時代に世界中を飛び回ってきましたが、やっぱり各地で再認識させられるのは日本ほど暮らしやすい国はないということでした。

金　私もイギリスに住んだことがあるけれど、時間通りに電車が出たら本当に奇跡ですよ。時間通りに電車が動くと、イギリス人は「驚いたね。今日は時間通りに動いた」と感激してましたからね。

この交通事情の面でも日本ほど優秀な国はないでしょう。ＪＲにしても公共の地下鉄にしても、こんなにしっかりと時間通りに運行している国は他にありませんよ。

井上　たしかにそうですよね。日本ではこうしたことが当たり前になっていて、「もっとこうしてほしい」「ああすべきだ」などとさらなる満足を求めて注文や文句ばかり言う人が多すぎると思います。

金　それはまさに世界を知らないからでしょう。

こういった人たちはアイデンティティも含め、いろいろなことを見失っているんだと思いますよ。幸せすぎて、日本人として日本に生まれたありがたさがわからなくなっているんでしょう。緊張感がなくても生きられる、一種の平和ボケなんですよ。

井上　金先生は台湾独立運動に関わってブラックリストに載せられ、たいへんな思いをされました。そうした緊張感の中で自らのアイデンティティを真剣に考えてこられたわけでしょう。

金　そうなのよ。私はブラックリストに載せられながら台湾独立運動を続けてきたからこそ、アイデンティティをしっかりと持ってきた。強い意志とアイデンティティを持っていなければ、あの独裁政権に立ち向かっていけなかったでしょう。

こうした命の危険もなく平和に暮らしてこられた日本人には、ブラックリストに載せられてパスポートすら持てなかった台湾人の苦労など、とても想像できないでしょうね。

井上　本当にそう思います。

金　だから、日本人に生まれただけで幸せですよ、と私は説いているんですよ。しかし今の日本の若い人たちはその幸せを実感しているんだろうか。

安倍晋三さんも亡くなってしまうし、日本はこれからどうなるのかと、本当に心配しているんですよ。

日本を誇れば批判される異常

金　以前、中国に行った台湾人の若い友人は「一度行っただけで、中国なんてもうコリゴリ」と言ってますよ。彼は日本が大好きで、早稲田大学でＭＢＡも取得しているし、日本に小さなマンションの部屋も持っている。そんな彼は、台湾にとって日本がどれだけ大切かも、日本の社会がどれだけ住みやすいかもわかっている。ところが日本の良さをいちばんわかっていないのが日本人自身なのよ。

また、台湾人でも中国人でも頭のいい人は、中国という覇道の国と台湾という自由な民主主義国とを比べて、どちらが良いかをわかっていますよ。

井上　普通そうですよね。自由にモノが言えて自分の政治信条を表意できる民主主義国家と、言論の自由がなく選挙もない独裁国家を比べれば、誰でも前者を選ぶに決まってますよね。なかでも日本なんて、言いたい放題の上に、他の国では制限されていることでも好き勝手にやりたい放題ですから、中国のような絶対権力に従わされる監獄のような社会など、想像もできないでしょうね。

金　これだけ自由と平和を満喫し、好き放題にやっているのに、日本人は、日本の社会が窮屈で暮らしにくいと思い込まされている。日本のメディアは、日本がどれだけ自由で安心して暮らせる社会であるかを報じようとはせず、あれがダメ、これがダメと、とにかくマイナスのことだけをほじくり出しているように思えてならないの。

井上　本当にそうですよね。

金　そんなことだから、日本を評価する日本人の声が、なかなか聞こえてこないのよ。

井上　その通りですよね。それどころか日本人が「日本はいい国だ」と言うと「ナショナリズムだ」「ヘイトだ！」などと、まったくお門違いの狂った批判が飛び出す始末です。逆に、「日本はひどい国だ」と批判すると称賛される。自国を称賛し、誇りに思うことが批判される国など、世界中どこにもありませんよね。この点に関しては、日本は極めて異常な国だと思います。

この狂ったような自虐史観は、戦後日本の〝慢性疾患〟のようなものですね。

金　日本人は甘やかされているんですよ。

井上　確かに甘やかされすぎですね。こんなにいい国なのに、いったい何が不満なのかと言いたいです。

金　日本は国土の大きさがほどほどのサイズで、本当に豊かな国なんですよ。そのことに感謝しないで文句ばかり言う人の声が大きい。

井上　でも大声で文句を言っている人は、全体からみれば本当は少数なんですよね。

金　大きな声で騒ぐ少数の人たちは「ノイジー・マイノリティ」（うるさい少数派）、声を上げない大多数の人たちは「サイレント・マジョリティ」（静かな多数派）と私は言っています。この「サイレント・マジョリティ」の人たちの声をきちんと拾わないのは、メディアの責任なんです。

井上　まったく不公正ですよね。

それに本来メディアは、自国の誇らしいところを内外に発信すべきだと思うのですが、日本のメディアはとにかく些細なことでも、国を貶めることなら喜んで針小棒大に報道する。病んでいるとしか言いようがない。

金　そうなのよ。何度も言うけれど、日本はやはり総合点で言えば世界一なんですよ。豊かで、欲しいものは何でも手に入る。最近治安が悪くなってきたとはいえ、外国に比べれば治安はいいし、それになんでも自由に表現できるじゃないですか。

こうしたことがいかに幸せなことか、ということに日本人は気づいていないから、日本の社会がどんどんおかしくなってきている気がするのよ。

先入観や固定観念を捨てよ

金　日本の牛肉は世界一高いけれども、世界一美味しい、というのが私の持論なんです。

井上 ずいぶん昔の話ですが、私が韓国取材から帰ってきたとき、金先生から「韓国はどうだった?」と聞かれて、「焼肉が美味しかったですね」と答えたら、「あなたね、ウソをついちゃダメよ」と怒られたことがありましたよね(笑)。

さらに金先生がたたみかけるように「あなたは、本当に美味しい焼肉を食べたことがないのよ。焼肉は日本がいちばん美味しいのよ!」と言われたんで、私はとっさに、「はい、美味しくありませんでした」と答えたのを覚えています(笑)。

あれは私の〝危機管理〟でしたね(笑)。

金 そんなこともあったかしら(笑)。私も韓国に行って本場だから焼肉が美味しいと思って食べてみたら、日本のほうがはるかに上だったの。もっともずいぶん前の話だから、今ならもっと美味しくなっているかもしれないけれども、それでも日本のほうが美味しいと思いますよ。

井上 でもあのとき、金先生にそう言われて冷静に考えたら、たしかに私が韓国で食べた肉は少し固かったし、旨味は日本で食べる焼肉の方が上だということに気付いたんですよ。そうか、そう思い込んでいたことに気づかされたんです。まるで催眠術から解かれたような気分でした。

実はその後、韓国人の友人を日本の有名焼肉店に連れていったら、彼が「なんとやわらかくて美味しい肉なんだ。韓国の焼肉より断然美味しい！」と驚かれて、その時金先生の言葉を思い出したことがあるんです。

金　あなた、よくそんなことを覚えているわね（笑）。

井上　私はこのエピソードをいろいろなところで話しているんですが、それは、先入観や固定観念を捨てろということを、言いたいためなんです。

たとえば韓国の焼肉は、日本人なら誰もが韓国＝焼肉を連想して無条件に「美味しい」となる。韓国で焼肉を食べたら美味しいんだという思い込みで、実際の味はともかく「美味しかった」と無条件に答えてしまう。またみながそう言うから「美味しい」と感じてしまうこともあるでしょう。

ところが金先生が指摘されたように、日本の焼肉屋で食べる焼肉は、もちろん個人差がありますが、韓国の焼肉よりも確かに軟らかくてジューシーで美味しいと私は思います。私は、金先生から指摘されてハッと気づいたわけですが、つまりものを考えたり、経験するときには先入観や固定観念を捨てろということですよね。

どうも日本人は物を見るとき、どうしても習慣や周りのある特定の見方に影響されてしまいがちだと思うんです。
私は金先生から、まずは先入観や固定観念を捨てて、自分自身が経験した上で判断することを学ばせていただきました。それが私の現場主義の原点になったんです。自ら国内外の現場に足を運んで見聞する取材スタイルは、金先生の「あなたは、本当に美味しい焼肉を食べたことがないのよ。焼肉は日本がいちばん美味しいのよ！」の一言から生まれたんですよ。

金　あら、焼肉の話がそんなことになるなんて、思ってもいなかったわ（笑）。

自宅にお客さんを招く台湾の文化

金　日本人と台湾人はお互いにわかり合える仲の良い民族だけれども、私が気になるのは、日本にはあまり自宅に人をお招きするという文化がないということ。台湾にはそういう文化があります。自宅に誘うというのは、自分のポケットマネーで食事を振舞うということなのよ。

私も日本に来て、早稲田大学在学時代に一度だけ、神奈川県藤沢市のクラスメイトの家に呼ばれたこと以外は、友人の自宅に呼ばれたことがないんですよ。そういえば和彦も、これだけ長い付き合いなのに、一度も自宅に呼んでくれたことがないよね（笑）。

井上　いやはや申し訳ありません。わが家は狭くて（笑）。

金　そんなこと、私はまったく気にしないのに（笑）。

確かに日本の場合、昔は「うさぎ小屋」とも言われたように、人を家に招かないのは、家が狭いせいなのかもしれないけれど、わが家には人をお招きするという伝統があって、食事をするときには自分たちの周りの人たちを呼んできたの。だから、習慣的にわが家に人が集まるようになったんですよ。

いずれにしてもそこが日本と台湾の習慣の違いよね。

井上　なるほど、いまさらながらですが、金先生宅のホームパーティの由来がわかりました。あのホームパーティでは、多くの知識人やマスコミ関係者などが闊達に意見交換し、人脈を広げていった源泉でもありましたが、私もあのホームパーティで知己を得た方々にたいへんお世話になって今があります。その意味で、私は、台湾の習慣に感謝しなければなりませんね。

金　そうよ（笑）。

それでね、私は台湾の友人には「日本人はあっちこっちへとご飯を食べに連れて行ってくれるけれども、自宅に招いてもらえると思ったら大間違いですよ」と言ってるんですよ。だから私は、台湾の友人に「台湾に来た日本人には自分は自宅で接待したのに日本に行ったらなぜ自宅に全然呼んでくれないのか、という愚痴はやめなさい。それぞれの文化の違いなのよ」と言ったこともあるのよ。

井上　ただし金先生の場合は、自宅に人を呼ぶと言っても、ちょっとスケールが違いますよね。なんといっても安倍晋三さんをはじめ超大物政治家や著名人、メディア関係者をどんどん招かれていたわけですから。

金　そうすることで人のつながりが広がるんですよ。

たとえばある人が、安倍さんを自分の会合などに呼びたいのだけれども、いきなりは呼べないからと、私に「何とかなりませんか」と言ってくることもあったの。

そこで私は、安倍さんのスケジュールの空いている日に、「金美齢を囲む会」を設定して安倍さんを誘ったのよ。するとその場で、私に連絡してきた人が念願かなって安倍さんと会えたわけですよ。

安倍さんが来るとなると、みんなとても喜ぶし、私はそういう会を何度もセッティングしましたよ。

井上　私もあのパーティで、当時、官房副長官だった安倍さんにお目にかかりました。まさしく台湾人の自宅に人を招く習慣で、私は計り知れない恩恵を受けてきたわけですよね。台湾に感謝です！

戦うべきときに戦う覚悟

井上　私は、日本の言論界のレジェンドは金美齢先生と櫻井よしこさんだと思っています。お二人には、これからもずっと腑抜けになった日本人を叱咤激励し続けていただきたいと思います。

金　櫻井さんは本当に立派な人ですよ。しかも私と違って、にっこり笑って柔らかい言葉でズバっと斬る。とにかく勉強量がすごい。彼女はどんな分野でも議論できる相当量の知識をもっているし、しかも説得力がある。私は彼女を尊敬しています。

井上　同じくです。

2023年8月に東京電力が福島第一原発の処理水の海洋放出の作業を始めましたが、これはIAEA（国際原子力機関）から処理水は国際的な安全基準を満たしているというお墨付きをもらったからですよね。

ところが、中国はそれに反発して処理水を「核汚染水」と呼び、日本産の水産物の全面禁輸を決めました。そのとき日本の政治家やマスコミの一部が、まるで中国に同調するかのように不安を煽るようなことがありましたが、このときも櫻井さんは国益を見据えて理路整然と対応されています。本当に立派だと思います。

金　中国が日本の魚介類を買わないと言い出したら、櫻井さんはパッと、「日本の魚介類を食べましょう」という意見広告を新聞に出しました。それで私は櫻井さんに即電話をして、「ウチの近くのレストランにお魚を食べに行きましょう」と誘ったんですよ。そこはイタリア料理のレストランで、いつも日本の食材で美味しい魚料理を提供してくれますから。

それでご一緒したわけだけれど、なんでも言うだけではダメなのよ。思いついたら即実行。すぐに行動に移すことが大事なの。櫻井さんはそれができる人なんですよ。

私も思ったことはすぐ実行する性分なの。もちろん全員ではないけれど、どうも日本人は遠慮がちだから、考えているだけで実行に移せない人が多い気がする。最初から無理だと諦めたり、遠慮して実行できないのは、何も考えていないのと同じじゃないですか。だから「こうあるべき」と思うことについては、自分から積極的に行動することが大事なんですよ。そうしなければ、敵対してくる相手にやられっぱなしになるじゃないですか。

井上　たしかに日本人は、そもそも遠慮がちで、衝突を避けたがるので、自らの意志を鮮明にして積極的に行動するというのは苦手かもしれませんね。

金先生はこれまでも、覚悟もなく優柔不断な日本人の言動に対して、たいへん厳しく論評されてきました。私もそれを何度耳にしたことか。しかしそれらはすべて正鵠を射たる指摘であり、その指摘を自らの言論活動の戒めとしてきました。

戦うべきときに戦わず、軋轢を忌避して不本意な迎合をしたりしてはならない。戦うべきときには覚悟を決めて戦う！

これはまさに金美齢先生の「ブレない！」という人生哲学だと思います。

日本のシニアはお金を使いなさい

井上 かつて安倍晋三首相が提唱された経済政策はアベノミクスですよね。2013年4月に日本銀行は安倍首相の意向を受けて、消費者物価上昇率2％の目標をできるだけ早期に実現するために、大規模な金融緩和の導入を決定しました。アベノミクスの一環がこの大規模な金融緩和だったと記憶しています。

ところが、安倍政権を批判するメディアは、重箱の隅を突いてアベノミクスをあれこれと批判した。すると金先生は、そうした批判に真っ向から戦いを挑んで、「私は経済が良くなるようにアベノミクスを実践して、どんどんお金を使ってます！」と、テレビ番組で堂々と発信されましたよね。

あのときはすごく感動しましたよ。というのもアベノミクスを懐疑的に見る空気が漂う中、ポピュリズムにほだされた論客が批判を織り込んで論評していたときに、金先生は、威風堂々とそう公言されたのですから。あのときの凛とした姿勢と覚悟に敬服しました。

金 だって私は実際にアベノミクスを実践してたからね。それを正直に言ったまでよ。

安倍さんを応援するなら、その経済政策に自分が協力しなければどうするんですか。あれこれと批判する前に、みんなが安倍さんに協力しなければ応援にならないじゃないですか。

井上　まったくその通りですよね。口では応援すると言っていても実際に行動が伴わなければ、応援していることにならないですからね。応援すると決めたら徹底的に応援するというのが、金先生の一貫した「ブレない」姿勢ですよね。

とにかく金先生は、経済を良くしようとすれば、特にお金を持っている人たちがお金を使うことが必要だと、言っておられますよね。

金　だってみんながお金を貯め込んでしまえば、経済は動かなくなるじゃないですか。実はね、現在の日本の高齢者問題の中で、私がいちばんいけないと思うのは、シニアが日本の金融資産の7割を抱え込んでいることなのよ。

若い人は、結婚して家を買ったり、子供の教育費を捻出しなければならないから、なかなかお金を貯める余裕がない。一方、シニアには、ある程度順調に預貯金をしてきた人がたくさんいる。

私は、シニアが「老後が心配だから」と言って、お金を使わないのは愚の骨頂だと思いますよ。だってシニアはすでに「老後」じゃないの（笑）。そんなシニアが今お金を使わなくて、いつ使うのよ。

シニアがお金を抱え込んでいることが、日本の景気が良くならない原因の一つだと思ってます。お金の循環がなければ日本経済は良くなりませんよ。

井上　本当にそうですよね。実際、私の周囲でもせっせとお金を貯めて〝老後の備え〟としている友人も多いんですが、還暦を過ぎて「老後のために」って、「じゃいつ使うんだよ？」とツッコミを入れたくなりますよね（笑）。

老後にゆっくりしたいからと言う人もいるようですが、ゆっくりしてたら貯めこんだお金を使う場面がないじゃないの。しいて言えば医療費ぐらいですかね。そんなことでは経済を活性化させることはできませんよね。

金　私自身はお金持ちではないけれども、できるだけお金を使うようにしています。もともと「浪費家」だから買い物が大好きで、そんなに必要もなさそうな洋服を買い込んだりしてきたからね（笑）。

こんな調子で、この年になって新しいマンションを買って転居したのよ。この年でも日本経済に貢献してるんだから、シニアの皆さんは社会のためにどんどんお金を使うべきなんですよ。

ゲバ棒を振るった学生がメディアに就職

井上　混迷する日本国内の政治について話を伺いたいのですが、とにかくマスコミの政府自民党叩きがすごいですね。政治資金パーティで集めたお金のいわゆる「裏金問題」をはじめ、これでもかと自民党のあらを探して大騒ぎですが。

金　野党やメディアが騒いでいますが、そもそも政治にお金は付き物でしょう。ある程度のお金がなかったら何もできませんよ。その視点を抜きにして、裏金問題やら派閥の在り方などは議論できないでしょうし、最善の解決策は見い出せないでしょう。

もう一つ。確かに「政治とカネ」の問題は大切でしょうが、現時点の日本には、これよりも大切な事柄がたくさんある。たとえば今回の対談でも取り上げてきた台湾問題、東アジアの安全保障問題、さらにはアメリカの動向など……。

ところが昨今のメディアは、「政治とカネ」の問題ばかりを取り上げるので、他の重要課題が見過ごされてきています。そのような意味でメディアはものすごく薄っぺらなんですよ。彼らがきちんと問題提起をしないから、岸田政権も今のような体たらくに陥っていると言えるんじゃないですか。

井上　本当にそうですね。ただし今回の派閥叩きは、その実相は「清和会叩き」（いわゆる〝安倍派〟）と言ったほうが正確ではないでしょうか。他の派閥も叩かれていますが、安倍元首相の遺志を継ぐ議員を潰そうとする邪悪な策謀が見え見えですよね。

金　安倍晋三さんは首相として日本のためにずっと力を振るってきましたよ。今回の問題が出てきたのは、安倍さんが亡くなった後からじゃないですか。そう考えると、あなたの言う通り、安倍さんの遺志を継ごうとする国会議員の一掃が目的でしょうね。

責め立てられているのも、多くが安倍さんが率いた清和会の議員たちでしょ。裏を返すと、日本の政界では生前の安倍さんがいかに強いパワーを持っていたか、ということですよ。

井上　それにしても日本の一部メディアは、なぜこうも公平性に欠いた偏向報道を続けるのか、ほんとうに腹立たしい限りです。

金　それは１９６０年の「日米安保闘争」と深い関係があるんですよ。１９５１年に日本はアメリカとの間で日米安全保障条約を結んだ。その９年後の１９６０年に安保条約を改正して相互防衛体制の明文化が行われたんですが、これに対して左派知識人や学生たちによる激しい反対運動が起きた。これが日米安保闘争だったよね。

この闘争では、学生たちはマスクをしてヘルメットを被り、ゲバ棒を振り回して暴れた。ところが、就職活動の時期になったとたん、ヘルメットもマスクもゲバ棒も全部捨てて、企業の前に並んだのよ。

その様子を私は早稲田のキャンバスで見ていたから、「何だ、この人たちは、結局、学生運動ごっことか、革命ごっことかをやっていただけだったんだ。だから、就職となると平気で大企業の前に並べるんだ」と思ったんですよ。そこで初めて、学生運動の本質がわかったのよ。

ところが日米安保闘争で特に一生懸命ゲバ棒を振った学生たちは、就職活動の段階で普通の企業から排除された。そしてそういう学生たちの多くは、当時、学生運動に比較的寛容だったマスコミに就職したんですよ。

井上　だからこそ日本のメディアは左翼的な論調で政府を批判し、また戦前憎悪ともいうべき極端に偏った歴史観を持っているわけですよね。

金　そうなのよ。もうそうした学生時代にゲバ棒を振った人たちはリタイヤしたと思うけれども、彼らがつくった偏った報道姿勢はいまだ引き継がれているように思いますね。

だから新しい時代の人たちによってマスコミが公正なバランス感覚を取り戻すことを願っているんですよ。

野党議員に求めること

井上 日本の一部野党議員は週刊誌の記事や報道されたスキャンダルを取り上げて、鬼の首を取ったように政府や特定議員を責めることが多いように思います。こんなやり方をしていて恥ずかしくないのかと思いますね。

金 国会で野党議員は、国民向けにパフォーマンスさえできれば、満足なのでしょう。

井上 それならいっそのこと、野党議員ではなく週刊誌の記者に代わってもらって国会で追及してもらえばいいんですよね（笑）。

国民が野党に期待することは、政府が国益に沿った政策を推し進められるよう厳しく追及してもらうことであって、政府の施策や法案になんでもかんでも反対して邪魔することではないんですよね。国民が野党に求めているのは、国益を追求した建設的な批判勢力であってもらいたいということなんじゃないでしょうか。ところが日本の一部野党は、政府を攻撃することが仕事だと勘違いしているふしがありますよね。

金　ある時期私は半ば冗談で、「もし国会議員として立候補するなら野党から出る」と言っていました。周りの人たちからは「それだけはやめてくれ」と止められましたが、野党の国会議員になれば、本当に楽なのよ。

国会で建設的な提案をせず、政府や与党を批判してさえいればいいわけでしょ？　たいして働かなくても全然批判されません。本当に楽ですよ。それでも与党の議員と同じ額の歳費も秘書3人分の給料ももらえる。野党の議員ほど楽な商売はありませんよ。

一方、与党の議員は働かなければ国民から強く批判される。同じ歳費なので、給料の面では野党に比べると与党の議員は割に合わないわね。

与党の議員を批判する人も国民の厳しい目をちゃんと意識して、建設的な批判をしてほしいと思いますよ。それがわかってなくて、ただ政府を批判するだけの政治姿勢でいるから支持率が全然伸びないんですよ。

「金美齢さんを日本の外務大臣に」の声

井上　そういえば、かつて金先生が日本国籍を取得されたあと、「金美齢さんに外務大臣をやってほしい」という声が一部で盛り上がったことがありました。

理由として「金美齢先生が外務大臣なら外国にビシッとものを言ってくれる」「日本の外務省が腰抜けだから立て直してもらえる」というもので、私も大賛成でしたね。だってそりゃ金美齢外務大臣なら、中国、韓国はビビッて日本に居丈高な態度を取れなくなるし、世界各国は凛とした日本外交に一目置くでしょう。それに親中媚中の外務省改革もできるでしょうからね（笑）。

すでに、金先生は日本国籍をお持ちの上、台湾の国策顧問をお努めになった経験もありますから日本の外務大臣に適任だと思いますが。

金　でもそれはごく一部の人たちの声ですよ（笑）。というのも、多くの日本人は平和ボケしているので、外務大臣に誰がなろうが関心がない人もいる。今の日本で、国家の進むべき道についてきちんと考え、行動する人は、残念ながらほんの一握りしかいないのよ。

それに、現在の日本人の多くは政治に関心を持っていないんじゃないでしょうか。自国の首相がどういう人かさえ、わかっていない人が少なくない。このような緊張感のない状態だから、日本政界は体たらくなわけですよ。

井上　まったく、そうかもしれませんね。

金　特に今の日本の若い人たちには、危機感と問題意識をもって積極的に政治に参加してもらいたいと思います。そして国際情勢についてももっと関心を寄せてほしいですね。日本を取り巻く安全保障環境は年々厳しさを増しており、特に台湾海峡危機は決して対岸の火事では済まされないんです。かつて安倍さんが言ったように「台湾有事は日本有事」なんですよ。

そして邪な政治的意図をもって日本に高圧的な態度で脅してくる中国の脅威に屈することなく、堂々と立ち向かってゆく覚悟をもってほしい。

とにかく日本がこの先もこの地域で平和で豊かな国であり続けるために、国内外の事情に関心を寄せて、当事者意識をもって行動してもらいたいですね。

第7章

中国と対峙する日本・台湾・米国

台湾を国として扱った安倍元首相

井上　まさに「台湾有事は日本有事」ということを念頭に、金先生に今後の日本と台湾の関係についてお話を伺いたいと思います。

まずその前に台湾の位置づけについてはっきりさせておきたいのは、台湾は中国の一部ではなくすでに立派な独立国家だということですよね。そんなことは、みなわかっているはずなのに中国の顔色を見て、台湾は中国の一部であるかのように言い続けている白々しい偽善者があまりにも多い。私はこのことに怒りを感じています。

民主選挙で選ばれた政治家による政府が民主主義に基づいて統治し、独自の通貨を発行し、経済的にも台湾は、中国なんぞに頼らなくてもＧＤＰ世界21位の経済大国の一つです。それに半導体製造では世界一じゃないですか。

しかも国土を守るための立派な軍隊を保有しています。前にも述べたように、もし台湾が国でないというなら、台湾の軍隊は大規模な非合法の反中国武装組織ということになりますよね。世界の誰もがそんなふうには見ていません。台湾の軍隊は、台湾の国土を守る正規軍ですよ。

そんな台湾を「国ではない」と言い張る人がいる。それってまるで、アンデルセン童話の「裸の王様」みたいですよね。みんな分かっているんだから、台湾が中国の一部だなどというフィクションを信じるふりをして中国におもねるのはもうやめにしたいですね。

金 国際社会では、「台湾」という国名こそ出てきませんが、台湾は事実上ひとつの政治単位として見られています。そのステータスがずっと続いていけば、台湾は、誰が認める認めないという問題ではなく、実質的に一つの国家なんですよ。

そして、台湾を「国」として扱うことについても、安倍晋三首相が「戦後70年談話」のときに配慮してくださった。２０１５年8月14日の臨時閣議で決定されたもので、こんなくだりがあります。

「我が国は、先の大戦における行いについて、繰り返し、痛切な反省と心からのお詫びの気持ちを表明してきました。その思いを実際の行動で示すため、インドネシア、フィリピンはじめ東南アジアの国々、台湾、韓国、中国など、隣人であるアジアの人々が歩んできた苦難の歴史を胸に刻み、戦後一貫して、その平和と繁栄のために力を尽くしてきました」

「痛切な反省と心からのお詫び」のくだりについては、失望や厳しい批判があったことは承知してますが、私が指摘しているのはそこではなく、「台湾」という呼称が、東南アジアの国々、韓国、中国と同列に並べられており、しかも台湾は韓国や中国よりも前に名前が出てきていることなんです。

井上　この談話に込められた歴史認識についてはまったく承服できませんが、ただこれは、安倍首相ご自身の本意では断じてなかったこともわかっていました。ただし日本の公式な文書において、台湾が国扱いになっていたことは驚きでしたね。

台湾をまさしく国家として、しかも真っ先に挙げたことは画期的であり、誤解を恐れずに言えば、この文脈の中で登場させているので批判をさせないようにできていたのかもしれませんね。

金　とにかく私が安倍さんを評価していたのは、謙虚でけっして威張らず、人を裏切らない人だったからなんです。最後まで戦う勇気が安倍さんにはありましたよ。

心の交流がつながる日本と台湾

井上　日本と台湾ほど、お互いに讃え合える相思相愛の隣国関係は、世界広しといえども他にありませんよね。

２０１１年の東日本大震災のときには、台湾の人々から日本に対して２００億円もの義援金が寄せられました。最近のコロナ禍のときは、安倍晋三首相が、当時入手が困難だった新型コロナウイルス・ワクチンを台湾に贈ったことで両国の関係がさらに深まりましたよね。台湾ではそのワクチンを積んだ日本航空の飛行機が飛んでくる航路の実況中継が行われ、その日航機を出迎えた人々が深々と頭を下げた写真は、胸を打つものがありました。

台湾の人々は安倍さんが贈ったワクチンにいたく感謝し、台北の高層ビルなどは日本への感謝を表意するメッセージがライトアップされたのを覚えています。超高層ビルの台北１０１にライトアップされた文字は、「台日の絆」「善的循環」「感謝の心を再び」などでした。

また台湾にいる私の友人から聞いた話では、街を歩いていて日本人だとわかると、見ず知らずの人から感謝の言葉をかけられ、感動で胸が詰まったとのことでした。高雄市では日本人には永久に、かき氷をタダにするというかき氷屋まで登場して、ニュースにもなりましたからね。

金　とってもいい話ね。ところで、かき氷屋の店主は日本人かどうかを、どうやって見分けるのかな？（笑）

井上　雰囲気で日本人だということがわかるんじゃないでしょうか（笑）。

なによりこのかき氷屋の「かき氷を日本人には永久にタダにする」という宣言は、お金の問題ではなく、気持ちの問題ですよね。恐らく日本人ならば、1杯1000円のかき氷を食べた後で2000円を置いて帰るでしょうね。

これは、私ごときの弟子が師匠に対して偉そうに言うべきことではありませんが、日本と台湾は隣国でありながら強い心の絆でつながってきた、世界でも稀有な存在だと思います。

金　はい、よくできました（笑）

自らを「台湾人」だと考える人は62％

井上　去る総統選挙翌日の２０１４年1月14日付の『産経新聞』に、「高まる『台湾人意識』」というたいへん興味深い記事が掲載され、とりわけ１９９４年から２０２３年までの台湾人のアイデンティティの変化を示すグラフが目を惹きました。

そのグラフが示すところ、台湾人で自らを「中国人」だと考える人が、１９９４年には26・２％だったのに２０２３年には２・５％に下がっており、一方、自らを「台湾人」だと認識する人は、１９９４年では20・２％だったものが２０２３年には62・８％になっていたんです。

ですから現時点で、台湾人が自らを中国人だと認識している人はごくわずかで、６割以上が台湾人だと認識しているということに世界は注視する必要がありますよね。

金　だから今回の総統選で多くの台湾人は、「中国人か台湾人か」というアイデンティティではなく、政党か候補者で総統や立法院議員を選んだのよ。

井上　今回の総統選挙でたいへん興味深かったのは、もはや国民党ですら「中国と一緒になろう、統一へと進もう」などというスローガンを口にしなくなったことでしたね。国民党が獲得した票は反民進党票、つまり民進党への不満票だったとみられていて、中国との統一などというバカげた政策を前面に押し出せば、もっとひどい負け方をしていたでしょうね。

ただ台湾総統選挙の結果は、中国の習近平主席も織り込み済みだったと思います。それにしても、中国の工作活動が失敗したことも、注目すべきことでしたね。

金　私はすべての日本人に、台湾の現実をきちんと理解してもらえるとは思ってません。大事なことは、これまで無関心だった人に台湾に関心を寄せてもらい、台湾を好きになってもらうことなんですよ。

そう考えると、私は日本人についてまったく心配無用ね。だって、「台湾に行って、台湾が嫌いになった」と言う日本人を、私は見たことがないからね。

井上　たしかに！　私もそんな人には会ったことがありません。一度行けば台湾が好きになってしまう。中には私のように〝台湾中毒〟になる者もいますからね（笑）。

金　台湾は食べ物が美味しくて、治安も良い。そのうえ台湾人の多くは、日本人が来たら歓待します。言葉に出さなくても、無条件に親日なわけですよ。

台湾は、日本人が世界で最も親しみを感じる国だと思いますよ。

中国の禁輸で日本の需要が急増した台湾産パイナップル

金　2021年に中国が台湾産パイナップルを輸入禁止にして台湾に嫌がらせしたとき、それを助けてくれたのが日本でした。

安倍晋三さんがSNSにパイナップルの写真をアップして、「今日のおやつはパイナップル。美味しそう」と発信してくれたことが大きな反響を呼んだ。そのとき安倍さんは、台湾がどうのこうのと言わなかったけれど、安倍さんの目の前に「台湾鳳梨」と書かれた箱が置いてあった。それだけでパイナップルが台湾産だということがわかった。

実はね、そのパイナップルは、私が安倍さんに差し上げたものだったんですよ。パイナップルを差し上げたときには、安倍さんから私に直接お礼の言葉がなかったけれども、そうやって「今日のおやつはパイナップル。美味しそう」とSNSに載せてくれた。これはなによりの私への礼の言葉だったのよ。

その後、日本人が台湾産パイナップルを応援購入してくれたお陰で、対日輸出量はそれまでの何倍にも増加して、台湾農家を助けられたんです。

井上　台湾の統計では禁輸前の2020年の台湾産パイナップルの中国向け輸出は約4万2000トンで、日本向けは約2000トンでした。そして中国による禁輸の後、2021年には中国向けが約4000トンに急減し、日本向けは約1万8000トンへと急増しています。2022年は中国向け約400トン、日本向け約1万7500トンと、日本が最大の輸出先になりました。2年間で8倍以上にも拡大したわけですよね。

日本では台湾産パイナップルがブームになりましたね。スーパーでは台湾産パイナップルが並び、飛ぶように売れたと聞いてます。

金　私の知り合いの社長さんも、お中元やお歳暮として配るために台湾産パイナップルを買ってくれたのよ。

日本で台湾産のパイナップルがよく売れるようになって、その産地である高雄の市長も大喜びですよ。

いずれにせよ安倍さんのSNSは、絶大な宣伝効果があったね。

井上　中国は、禁輸で台湾を苦しめようとしたのに、それを安倍さんがひっくり返してしまったわけですよね（笑）。つまり逆効果になってしまった。まぁ、それを誰が仕向けたのかと言ったら金先生だったわけですから、中国はこれまた苦々しく思っているでしょうね。

金　そうね。間違いなく中国の「ブラックリスト」に載っているでしょう（笑）。

中国の弾圧で香港は一変した

金　独裁国家の中国はいつ何時、軍事行動を起こすかわからない。台湾は中国にいつ攻め込まれるかわからないから、中国の動きに細心の注意を払わなければならない状況にあるんですよ。

井上　中国の覇道で犠牲になったのが香港ですね。中国は英国と、香港の一国二制度を1997年の返還後も50年間維持するという合意を結びましたが、それなのに中国は香港の民主的な政治制度を壊し、一国二制度を20年程度で握りつぶしたわけですよね。

金　香港は東洋と西洋の出会いの場で、以前はすごく魅力的なところだったのよ。

井上　金先生は香港返還前の時点ですでに、返還後の香港は今のようになると予想されていたわけですよね。

金　香港返還直前の日本では、香港の将来についてさまざまな見方がありましたが、日本のメディアは中国という国を見誤っていた気がします。

あのとき私は、「香港が中国に返還されて良くなることは絶対にあり得ない。デューティ・フリーの買い物の場としてはそれほど変わらないにしても、政治は間違いなく悪くなる。もし予想が違っていたら、私は評論家のタイトルを返上する」とまで言いましたよ。

井上　日本のメディアのほとんどは、一国二制度が約束通りに50年間は維持されると本気で信じていたように思います。

金　そうなのよ。香港返還は１９９７年7月1日なので、直前の6月にはホテル代も香港への航空運賃もかなり高くなっていたんですよ。でも、香港に行けるのはもうこれが最後だと思ってこの時の旅行を“Say Goodbye to HongKong”と名付けて、娘と一緒に返還直前の香港に行ったのよ。

当時、娘が妊娠中だったので、心配していた婿殿には、「ファースト・クラスに乗せるから、大丈夫」と言って認めてもらいましたよ。それが最後の香港旅行となってしまったの。

井上　いずれにせよ中国に呑みこまれた香港は金先生の予想通りになりましたね。言論をはじめあらゆる自由が奪われて、かつての香港の輝きは消え失せてしまいました。

金　本当にそうね。今や香港も、独裁国家・中国の一地方になってしまった。香港での自由の弾圧に反対していた周庭さんは、香港を出てカナダに滞在しています。そんな彼女を香港の警察が指名手配しており、彼女はもう香港には戻れない状況なんですよ。

日本のメディアは香港の現状をもっと報道すべきでしょう。中国に忖度せず、現実に香港で起こっていることをしっかりと伝えるべきでしょう。一国二制度を握りつぶされた香港は、金融都市としてのステータスも観光地としての魅力もどんどん下がって、香港が果たしてきた役割は今やシンガポールへと移っているんですよ。

米台関係を支える「台湾関係法」と「台湾旅行法」

井上　台湾にとって今年11月のアメリカ大統領選挙の結果は、たいへん大きな関心事ですよね。

金　伝えられているところによると、どうやら大統領選ではやはりトランプさんが優勢のようね。

井上　共和党予備選ではトランプ氏が最初から圧倒的な支持を集めており、私はトランプ氏が大統領選で勝つとみています。もちろん選挙は開けてみないと最後までわかりませんが、もしトランプ氏が大統領となれば、恐らく中国は台湾に武力侵攻することは難しくなるでしょう。

現状アメリカは、日本と同じく中華人民共和国と国交を結び、台湾とは正式な国交はありませんが、1979年にアメリカ連邦議会で成立させた「台湾関係法」がある。この法律はアメリカが、台湾に兵器や装備品を供与するとともに、台湾防衛で軍事行動の選択肢を認めるとうたっています。

さらに2018年には「台湾旅行法」（Taiwan Travel Act）が成立しました。この法案は、台湾人にとって忘れられない歴史的な苦しみの日である2月28日に下院を通って、トランプ大統領が署名したのが3月16日でした。

台湾旅行法は、アメリカと台湾の高級官僚の相互訪問を促進する画期的な法律で、両国の高官同士、軍人同士が堂々と行き来できるようになり、台湾の安全保障を大きく前進させました。

これによって台湾とアメリカは実質的に〝国交回復〟していると言ってもいいのではな

いでしょうか。

金　アメリカは中国と外交関係を結びつつ、台湾を見捨てることをしなかったわけですよ。

井上　バイデン政権になってからもアメリカの上院議員の超党派外交団が、米空軍の軍用機で台湾を訪問したことは衝撃でしたね。外交団は2021年6月6日に米軍輸送機で台北市の松山空港に着陸し、外交団はアメリカのバイデン政権が75万回分の新型コロナ・ワクチンを台湾に供与すると発表したことがありました。

なんといっても、6月6日は第2次世界大戦のときに連合軍によるノルマンディ上陸作戦が行われた日です。もし意図してこの日を選んだのならば、なかなか面白いことをやるなと感心しました。

その後も、数多くの米議会の議員らが台湾を訪問し、また台湾からも蔡英文総統や頼清徳氏らがアメリカを訪問するなど、人的交流はもはや外交関係が再開されたかのように活発に行われているではないですか。これは歓迎すべきことで、日本政府はただちにアメリカに倣って日本版「台湾旅行法」あるいは「台湾関係法」を制定して、まずは公式な政府間交流を実施すべきだと思います。

金　ところで和彦は台湾とアメリカの軍事面での協力をどう見てる？

井上　そこがもっとも大事なところですね。日本ではあまり大きく報道されていないのですが、アメリカは着実に台湾と安全保障面での連携を深めています。

近年アメリカは、台湾に対して約３億５０００万ドル（約５４０億円）の軍事支援と巨額の武器売却を行っており、もちろんこれらは台湾の防衛力強化に大きく貢献していますが、注目すべきは、軍事支援の額や兵器売却の総額ではないんです。注目すべきは、アメリカから供与される兵器なんです。

アメリカが台湾に供与するのは、目下米陸軍で主力戦車として運用中のＭ１Ａ２戦車、最新鋭のＦ16Ｖ戦闘機、さらに米海軍原子力潜水艦が搭載しているＭｋ48魚雷といった米軍が運用中の高性能兵器なんです。

数的劣勢はいかんともしがたいものがありますが、個々の兵器の質でみれば、中国製兵器よりも高性能で、なにより有事の際には米軍の補給が期待できるわけですから、台湾にとってこれほど心強いことはありません。その意味で米台両国はうまくやったなと感心しています。

それともう一つ、米軍のまとまった数の部隊が台湾で台湾軍の錬成訓練を行っているほか、台湾軍が米本土で軍事演習に参加するなど、米台はこれまでにないほど軍事的に連携しており台湾の抑止力は確実に高まっております。

金　それは心強いけれども、中国の脅威は高まる一方でアメリカの政治的軍事的プレゼンスは低下していることが心配よね。

井上　ご指摘の通りだと思います。いまや世界最大の軍事大国になりつつある中国は、もはやアメリカの軍事力を恐れなくなってきていることも事実ですね。

金　そのことが心配なんですよ。そんなときだからこそ、日本がしっかりしなければならないんですよ。

台湾のクワッド・TPPへの参加を！

井上　近年アメリカがより一層台湾防衛に取り組んでいるのは、台湾海峡の緊迫の度が高まっているからであり、当然そのことが自国の安全保障に直結しているからです。

もしや台湾が中国に軍事侵攻され、併呑されるようなことになれば、アメリカは、西海岸に向けて拡張し続ける中国の強大な軍事力を、戦略拠点のグアム、ハワイという「点」

でしか迎え撃てなくなります。だから中国を南シナ海および東シナ海に押しとどめておきたい。

そのためには日本列島―沖縄諸島―台湾―フィリピンというアメリカにとっての西太平洋の〝防波堤〟をなんとしても守りたい。台湾防衛はすなわちアメリカの安全保障問題なんですよね。

そして中国は、海洋戦略の一環として、台湾と国交のある南太平洋の島嶼国に猛烈な工作を仕掛け、台湾と断交させる、実に嫌らしい外交を展開している。

最近では今年1月15日にナウルが台湾と外交関係を断交しましたが、これは台湾総統選挙に合わせるという中国の策謀ですよね。そうして今や南洋諸島で台湾と国交のある国はツバル、パラオ、マーシャル諸島の3つとなりました。

金　台湾の総統選挙に絡めるという、中国らしい嫌がらせですよ。

井上　もっともこうした中国の南洋進出は、オーストラリアを刺激し、そうしたこともあってオーストラリアが日米と連携を強化して、新しい安全保障枠組みが形成されることになりました。要するに中国の南洋進出が、オーストラリアを目覚めさせたわけですよね。

さらにオーストラリアはアメリカ、イギリスと共に「AUKUS（オーカス）」なる軍事同盟を結成して、中国の海洋進出に対抗するまでになっています。この軍事同盟によって、オーストラリアは原子力潜水艦を保有する計画ですから、その覚悟と決意は相当なものだと思います。

そう考えると、かつて安倍首相が提唱した、日本─アメリカ─オーストラリア─インドを結ぶ4か国の戦略対話「QUAD（クワッド）」は実に見事な安全保障枠組みだということがよくわかります。安倍首相の先見の明にあらためて敬意を表したいです。とりわけインドをこのフォーメーションに呼び込んだということが高く評価されていますが、これは安倍首相の外交手腕の賜物ですね。

金　日本のリーダーには、これからもこうしたリーダーシップを発揮した外交を望んでいます。台湾人もそれを望んでいるんですよ。

井上　日本がこれからもこの地域で平和で豊かな国として生存していくためにも、安倍さんが主導したクワッドを強化発展させてゆくべきだと思います。

このところ岸田首相は、フィリピンを同志国に格上げして安全保障上の連携を強化しており、この点は岸田首相を評価すべきでしょう。そして日米豪比の関係強化が図られていることから、おそらく近い将来にフィリピンがクワッドに加入してくることになるのではないでしょうか。

もとより地理的に「自由で開かれたインド・太平洋」の中心に位置するのは台湾で、日米豪にとって安全保障上も極めて重要な台湾をクワッドに組み入れないのはおかしいでしょう。

そこで日本は、台湾をクワッドの安全保障枠組みに組み入れる働きかけを主体的に行うべきだと思います。国交の有無など関係ありません。台湾は、日本のみならず、アメリカやオーストラリアにとって安全保障上重要な国であることには変わりありませんから。

それに中国への配慮など不要だと思います。なぜなら中国へ配慮したところで日本の安全保障は担保されませんからね。ならば日本の安全保障にとって必要なことを淡々とやればよい。それだけのことではないでしょうか。

もしや台湾がクワッドおよびＴＰＰにも加われば、アジアの安全保障環境は大きく変わるでしょうね。

つまりアジアの安全保障は台湾のクワッド参加がカギだと思います。

台湾有事は日本有事

井上　安倍さんは首相を退いたのちの2021年12月1日、台湾で開催された日米台のシンクタンクによるシンポジウムに日本からオンラインで参加されました。そのとき、中国が軍事力を増強し、台湾への圧力を強めていることに強い懸念を示したうえで、「台湾有事は日本有事であり、日米同盟の有事でもある。この点の認識を習近平国家主席は、断じて見誤るべきではない」と発言されましたよね。

私は、安倍さんのこの優れた安全保障感覚と覚悟にいたく感動しました。そしてこの「台湾有事は日本有事」は、平和ボケの日本人の危機意識を覚醒させ、緊迫した日本の安全保障環境を最もよく表現した標語として、しっかりと語り継がれています。

金　安倍さんが言うように、台湾有事は間違いなく日本有事となりますよ。台湾海峡危機は対岸の火事では済まないことを認識する必要があると思います。

井上　まったくそうですね。台湾有事が起きれば、在日米軍は間違いなく関与するでしょう。それは先ほど申し上げた通り、アメリカ自身の安全保障の問題でもあるからですが、そんなときに日本政府が「国交のない台湾の有事に日本は関与できません」などと言って、アメリカ軍への支援を断ったら日米同盟は破綻するでしょうね。

金　習近平が万が一、台湾に軍事侵攻するような事態になれば、尖閣諸島はもちろん沖縄の周辺離島もただでは済みませんよ。日本人はそういう危機感をもって、もっと中国の軍拡や台湾危機に関心をもっておく必要がありますね。

井上　そうしたことから、日本人がこの厳しい安全保障環境をしっかりと認識して正常な危機意識をもっていれば、日本の抑止力となっている在日米軍に出ていってもらおうなどとは言えないでしょう。ところが残念なことに、この厳しい安全保障環境を理解せず、在日米軍の撤退をうったえる人がいる。麻痺状態ともいえる日本人の安全保障感覚は、本当に恐ろしいことだと思います。

逆に台湾人は、「そんなに日本が嫌がるなら、沖縄のアメリカ軍をそのまま台湾に持ってきてもらいたい」と言う人が多い。日本人と台湾人の、対中感というのか安全保障感覚の違いに愕然とさせられます。

とにかく日本にとって台湾は生命線であり、運命共同体であるにもかかわらず、その生存に関心を示さない日本人の危機意識は、末期的と言わざるを得ませんね。先ほども言いましたが、アメリカは、台湾は安全保障上重要であるという認識を持っている。だからアメリカの台湾への軍事的支援が強化されているわけですが、日本とアメリカの台湾認識の格差も深刻な懸念材料だと思います。

金　万が一、台湾が中国の手に落ちたら、中国は太平洋に堂々と進出してくるでしょう。そうなれば以前よりも力が落ちているアメリカは、日本などの同盟国を守る余力があるだろうかという不安もある。だから日本人はまず自分の国は自分で守るという決意と覚悟をもって、しっかりと防衛力を整備しておく必要があるんです。

井上　まったくその通りですね。

金　それと同時に、中国の海洋進出に立ちはだかっている台湾の重要性を日本はもっと理解しなければいけません。

今日本人に必要な認識は、「台湾有事は日本有事」なんですよ。

日本と台湾は運命共同体

井上　危機意識が希薄な日本人は、台湾の民進党政権が中国の圧力に耐えて頑張っているということが日本の安全保障に大きく貢献しているということがわかっていません。したがって台湾の総統選挙は、日本の生存に関わる選挙だという意識をもって、関心を寄せる必要があると思います。

金　ところがね、日本人の平和ボケというのか危機意識の低さは、まさしく日本国憲法にも如実に表れているじゃないですか。憲法の前文には「平和を愛する諸国民の公正と信義を信頼して、われらの安全と生存を保持しようと決意した。われらは平和を維持し、専制と隷従、圧迫と偏狭を地上から永遠に除去しようと努めている国際社会において、名誉ある地位を占めたいと思う」とあるわけです。

つまり、これは「世界中が平和を愛している」ということが前提ですが、本当にそうですか？　中国や北朝鮮が、平和を愛していますか？　現実をしっかりと見るべきじゃないですか。

井上　あんな憲法前文を真面目に信じてしまっている人がいることに呆れます。憲法9条では日本は戦争を放棄していますが、日本に対する戦争を放棄している国など、どこにもない。つまり〝日本が戦争を放棄しても、戦争は日本を放棄していない〟ということなんですが、これがわからない人がいるから困ったもんですね。夢や希望で平和が保たれれば世界中の人々がそうしますよね。護憲派に対しては「日本が憲法9条を持っていれば戦争を仕掛けてこないのかを、中国の習近平や北朝鮮の金正恩に聞いてみろ」と言いたいですね（笑）。

金　当然ながら、自分が「戦争を放棄しました」と言えば世界が平和になるというほど世の中は甘くはありませんよ。

井上　残念なことに、日本では、本気でそう思っている人はまだ少なくありません。また、日本人の中には、「日本の平和を守る実力組織は軍隊ではなく自衛隊なら問題ないが、ただし憲法違反の疑いがある」などと、意味不明かつ支離滅裂な論理がまかり通っています。いったいどういう思考回路なんでしょうかね。

そしてなんの歴史的根拠も示さぬまま、日本にとって最も大切な隣国台湾を中国の一部だと一方的に信じ込まされていますよね。近現代史をきちんと学べは、台湾が中国の一部ではないことなどすぐにわかるはずです。

いずれにせよ「台湾が国家ではないから、日本が台湾と安全保障上の連携ができない」というのはどう考えてもおかしいと思います。日本にとって安全保障上重要な国であるかどうかは、外交上の国交の有無とは関係ありませんからね。国交があろうがなかろうが、台湾は日本の安全保障にとって最も重要な国であることには、変わりありませんよ。国交がない北朝鮮は日本にとって最大の脅威ですが、国交があったら脅威ではなくなるでしょうか？　中国なんて国交があって日中平和友好条約を結んでいても、日本にとって最大の脅威であり、安全保障上の連携など絶対にありえませんからね（笑）。

日本と台湾とは国交はありませんが、だからと言って台湾有事の際に日本が関与しなくてよいわけがありません。もしや台湾が中国に呑みこまれたら、日本のシーレーンは完全に中国に押さえられ、まさに日本の生殺与奪の権を中国が握るのと同じになりますからね。日本と台湾は、その生存のために互いに必要とし合っている国同士だと言っても過言ではないと思います。

金　そういうこと。つまり日本と台湾は、〝運命共同体〟なんですよ。

井上　台湾がなくなれば日本がなくなり、日本がなくなれば台湾がなくなる。かつて蔡焜燦さんはいつも私にそう言っておられました。

ですから、日本はアメリカに倣って一刻も早く日本版「台湾関係法」をつくって、台湾の平和のために積極的な関与を行い、先ほど提言した拡大クワッドに台湾を組み込んで、軍事的連携を深めるべきだと思います。

もちろんそのためには中国との関係悪化も覚悟する必要がありましょう。しかし、日本人は、半世紀もの歴史を共に生き、自由と民主主義を守りながら、常に日本に思いを寄せてくれる台湾と共に生きてゆくことを選択すべきです。

日本と台湾が実際に「同盟」関係になるにはもちろん数多のハードルを乗り越えなければなりませんが、日台の連携は両国の生存にかかわることなんです。だからこそ今までのタブーに果敢に挑んでいかなければならないと思います。

なぜなら日本と台湾は、運命共同体なんですから！

金　台湾はすでに独立した国家なんです。そのことを日本やアメリカをはじめ世界各国が認識できるかということは、このアジア地域の安定のためだけではなく、世界の平和のためなんですよ。

和彦、お互い頑張っていこうね！

井上　はい師匠！　お供いたします！

〔著者略歴〕

金美齢（きん・びれい）

1934年台北出身。59年に来日し早稲田大学第一文学部英文科入学、71年に大学院文学研究科博士課程修了。多くの大学で講師を歴任、早稲田大学では20年以上英語教育に携わる。75年ケンブリッジ大学客員研究員。88年にJET日本語学校設立。2000年には台湾総統府国策顧問に就任。2009年日本国籍取得。現在は評論家として活動を続けている。著書に『凛とした日本人』『家族という名のクスリ』(以上、ＰＨＰ研究所)、『戦後日本人の忘れもの』(WAC BUNKO)、『愛国心』（ワニブックス）他多数。

井上和彦（いのうえ・かずひこ）

ジャーナリスト。1963年滋賀県生まれ　法政大学社会学部卒。防衛・航空宇宙専門商社に入社し、世界各国を飛び回り、培った知見と専門知識を活かして軍事ジャーナリストへ。軍事・安全保障・外交・近現代史を専門として書籍・新聞・雑誌の執筆の他、各種テレビ番組やネット番組のコメンテーターを務める。産経新聞「正論」欄執筆メンバー。（公財）国家基本問題研究所企画委員、（公財）モラロジー道徳教育財団特任教授、（公社）全日本銃剣道連盟有識者会議委員などを務める。これまでに東北大学大学院非常勤講師も歴任。サンミュージックプロダクション所属。フジサンケイグループ第17回「正論新風賞」受賞（2016）。第6回アパ日本復興大賞受賞（2023）。
著書に『歪められた真実　昭和の大戦（大東亜戦争）』（ワック）、『日本が感謝された日英同盟』『日本が戦ってくれて感謝しています①②』（以上、産経新聞出版）、『親日を巡る旅』『撃墜王は生きている』（以上、小学館）など多数。

今こそ、日台「同盟」宣言！

2024年 7 月 11日　第 1 版発行

著　者　金 美齢　井上和彦
発行人　唐津 隆
発行所　株式会社ビジネス社
〒162-0805　東京都新宿区矢来町114番地　神楽坂高橋ビル５階
電 話　03(5227)1602（代表）
FAX　03(5227)1603
https://www.business-sha.co.jp

印刷・製本　株式会社光邦
カバーデザイン　齋藤 稔（株式会社ジーラム）
本文組版　株式会社三協美術
編集協力　尾崎清朗
営業担当　山口健志
編集担当　中澤直樹

ISBN978-4-8284-2614-3